新装

自然食あらかると

私の食養料理12ヵ月

平賀佐和子

新泉社

まえがき

広島で被爆して間もなく、私は山口県光市の片田舎の郷里に帰り、小学三年生の時から高校を卒業するまで、山奥の静かな農村でのびのびと育ちました。

山畑でブヨにさされながら芋づるを植えたり、ヒルに血を吸われながら田植えをしたり、北風に吹きつけられながら麦踏みをしたり、姉と二人で肥担桶をかついだりしました。

学校から帰ると弟を連れてよく小川に出かけ、上流と下流を堰き止めて水を汲み出し、フナやナマズをたくさん取ったり、秋の取り入れが済むと、切り株の残った田圃を歩き廻って、田ニシをバケツ一杯に取って佃煮にしたり、春にはヨモギやツクシを取って食べるなど、一つ一つがなつかしい思い出です。

ところがある日、中学生の時、学校帰りにいつもの小川で、フナもメダカもその他たくさんの魚が全部お腹をひっくり返して川一面に浮いていました。初めて農薬が田圃に使用されて小川に流れ込んだためだと思います。それまでは村の人々はその小川で野菜や茶碗を洗ったり、時には、その水をすくって飲むこともありましたが、その後は農薬だけでなく化学肥料や合成洗剤などによってますます汚染がひどくなっていきました。

　中学生の頃までは、月に一度、やだれに据えてある唐臼で玄米を搗くのが私のお手伝いの一つでした。片足をふんばって、もう一方の足で長い棒の端を踏むのを繰り返しているうちに米が白くなるのですが、百回やそこらでは仲々白くなりません。時々水を打ったり石粉を入れたりしました。七分搗き位の白さになると、ほっとして、もうそろそろやめようと思っていると「もっと白く搗きなさい。」といわれたものです。遊びざかりでしたから、隣り村の水車小屋まで玄米を猫車に乗せて運んで行き、水車が搗いてくれる間に友達と遊んだこともありました。

　そのうちに、村に一軒、モーターで動く精米機を据え付けたというのを耳にして、さっそく利用させてもらいに行きましたが、その時の印象は忘れることができません。今まで一時間以上もかかって白くしていたのに、わずか二十分足らずで真白くなったのです。今から三十五年前のことです。

　昭和三十年から私は一人で広島市内で暮らすことになり、のどかな山村生活に別れを告げました。水も食事の内容もがらりと変わり、それまでめったに食べなかった肉や魚をほとんど毎日食べるようになりました。

　それから女学校に就職しました。昭和三十五年の秋、教頭先生から一枚の案内状をいただきました。それは桜沢如一先生のヨーロッパ帰朝講演会の案内状でした。私は先輩の先生と一緒に聞きに行きました。

桜沢先生は真の平和、真の健康、自由と幸福とその実現の方法について話され、インド、アフリカ、ヨーロッパで実際に指導されたお話があり、写真を見せて下さいました。また、桜沢先生のお傍に座っておられた里真先生の美しさに非常に驚きました。

このようにして私は桜沢先生に巡り合ったのです。翌日から持っていた白砂糖や化学調味料を全部捨て、白米を玄米に取り替え、味噌、醤油、油などを添加物の入らないものに買い替え、思い切って食事を変えました。

いざ実行に入ると意志の力が必要でした。なぜなら、周りの人と違う食事をするのですから、不安が何度も襲いかかったり、周囲の親切な人からの忠告もあったりして悩みました。

玄米とゴマ塩だけで一週間をようやく乗り切った時、私は長い夜道をたった一人で歩いているような気持ちになりました。その頃、桜沢先生に質問の手紙を差し上げましたら、先生から、

「又、又、又、排他性依頼心！」

とだけ書いてあるお葉書をいただきました。

そのうちに、だんだんと身が軽くなり、当時一番気にしていた顔の吹き出ものが影をひそめ、たくさん食べない割には、元気で疲れないのに気付きました。「本物だ、何かもっとある」という手応えを感じたものですから、この生活を続けてみようという気になったのです。

結婚してから、主人も私も、明けても暮れても、玄米、玄米といって夢中になって暮らしました。小さい子をひき連れて、各地で行われる食養の勉強会に参加しました。阿蘇で開かれた健康学園には、子供六人を連れ、一家全員でボーナスを全部はたいて参加したことがありました。その後生まれた末の男の子を背負って博多まで食養料理講習会に何度も通いました。

学校給食においても、長男から末の子までみんな玄米弁当を持たせました。

おやつや飲物にしても、子供の幼い時ほど特に注意してやりました。

保育園や幼稚園にやらなかったのも食養的生活を幼いうちほど守っておきたかったからでした。多少の病気は食養的な手当で治すことができました。ありがたいことに、七人の子供をみんな揃って元気に育てることができました。

しかし、よく考えてみると、これはほんのおまけのように思われてきました。この生活法を僅か二十五年間続けただけで、それもさほど厳格にやったようにも思いませんが、いつの間にか私は、はかり知れない大きな宝物を手に入れ、光に満ちた広い道にいるように思います。

現代は科学技術にささえられた便利の多い世の中になりましたが、同時にその分だけ、人間性を失って、不安と不幸も多くなりました。

十五年前頃から公害が深刻化し、食品添加物が乱用されて食品に対する不安が大きくなりました。誰いうともなく、自然食という言葉が生まれて、普通の食べ物や料理法と区別して正しい食事を研究する人が次第に増えてきました。しかし、今や正しい食べ物も正しい料理法も消えていこうとしています。

世界的には核戦争への兆しが益々強くなって行きますし、身近い所では、病気に悩む人が増加し、病人のいない家庭が少なくなりました。また、今までに人類の経験したことのない難病・奇病が現われています。これらに伴う医療費の問題は、国家的な大問題になってきました。

特に憂うべきことは、次の時代を担う若者に不健康な青少年が目立って増加していることです。また、非行、暴力、性の乱れ、ノイローゼなどは深刻で歎かわしい限りです。

これらの原因は一体何でしょうか。

今日では、医学は対症療法から予防医学に移行しようとしています。しかし、予防医学は早急に健康教育に変わらねばならないと思います。

もともと、食養的生活法は誰にでもできる最もやさしい生活法の基本です。例えば、食生活においては、その土地に出来る、季節の産物で、自然の生命力を持っているものを、正しく調理して正しく食べることを原則とすることです。

真の健康と平和を目指して生活しておられる皆様に、この本が少しでもお役に立つなら、この上なく幸いです。

昭和六十一年一月三十一日

平賀　佐和子

自然食あらかると　目次

春

夏

秋

冬

生命《いのち》の糧

中扉イラスト　平賀佐和子
イラスト　平賀　広子
　平賀　春子
装幀　勝木　雄二

春

料理は命のための芸術

私たちの体は、毎日食べている食物によって養われて出来ています。だから、体は食べたもののお化けみたいなものです。

お料理を作ることは生命のための総合芸術作品を作ることで、台所はそのアトリエであり、主婦は生命の芸術家であるといえます。主婦は家族の中に一人でも病人が出たら、食べ物の材料や調理法、食べ方など一切を調べて反省しなければなりません。

私たちは自然界の一部分ですから、自然界のすべての現象と同様に自然の秩序（法則）に支配されています。決して逆らうことは出来ません。もし逆らっていたら、必ず調子が悪くなり、あらゆる不幸のもとになるのです。

自然の秩序に従った正しい食物を食べて生活すること、その原理と方法を食養と言いますが、これが欧米ではマクロビオティック生活法と呼ばれ、大きな運動となって広がっています。

食養は広い意味では、環境に適応する原理と方法の実践ですから、肉体だけでなく精神をも正しく養うもので、健康な人の食生活法であると同時に病人にとって最も安全な食生活法なのです。

玄米ご飯

寒い朝、温かい玄米ご飯に手作りのみそでこしらえたみそ汁と漬物を添えると、自然に活力がわいてくるものです。

日本内地では主食には一年中お米が最適ですが、寒い地方や山間部では、その地方でよく取れるソバ、アワ、ヒエ、キビも大変よいものです。

お米は経済的にも栄養的にも最もすぐれたおいしい穀物です。稲は世界中で熱帯から寒冷地域にわたって栽培でき、耕地単位面積当たりの収穫量あるいは栄養物質供給量は他の農産物よりはるかに大きいです。

お米は長期の保存に耐え、そのタンパク質は人間に最も適し、すぐれています。お米の味は文字通りなんともいえないおいしさです。だから毎日毎日続けて食べてもあきることがないのです。

日本では大昔から穀物、特にお米を尊敬し尊重してきたことは非常なもので、伊勢の外宮や各地のお稲荷さんにまつり、菩薩（ぼさつ）と呼び、「粗末にするとバチがあたる」とか「目がつぶれる」とか言ってきました。

お米は食べると身体を温める性質があります。脱穀した米粒は生きています。その米粒全体を食べることが最も理想的であることはいうまでもありません。「自然食」で玄米が主食として最も重視されるゆえんです。

お米の食べ方にはいろいろありますが、一番理想的なのはお米をそのまま玄米の形で食べることです。しかし玄米のままで調理するのは、白米を炊くように簡単に出来ませんので、おいしく炊く工夫がいります。

私も始めのうちは電気ガマで二度炊き、三度炊きをしたり、飯ゴウを使って炭火で炊いたり、鉄のはがまに重しを載せて炊いたり、土なべで炊いたりしてみました。どの方法でも食べられますが、毎日のことで、あまり時間がかかるのも困ります。圧力なべが早く出来、そのうえ経済的で便利です。

玄米を炊くときの注意は圧力をかける、かけないに関係なく、次のことに注意を払うことです。

①水加減を的確にする。
②火加減に注意する。
③重湯を一滴もふきこぼさない。
④蒸らしを十分にする。
⑤薄焦げがつく程度に香ばしく仕上げる。

お米の種類や品種、乾燥度、炊く分量などで水加減、火加減が異なりますので、何%の水を入れるか、何分間強火にするかといった具合のものではなく、炊く人の毎日の経験の積み重ねと工夫と勘に頼るしかないと思います。

昔から「始めチョロチョロ中パッパ」といわれている要領で炊くのがいいと言えましょうか。

◆かむ習慣をつけよう

玄米ご飯を一度も食べたことのない人は、たいてい、硬くて、パサパサしていて、食べにくく、消化が悪いので胃が悪くなるのではないか、と言われます。もみの殻を取り除いただけのお米が玄米ですから、その印象が強いのでしょう。でも上手に炊きますと、白米よりも軟らかく、食べやすいものです。

玄米はよくかむことが大切です。よくかんで、はじめて本当の味を味わうことが出来ます。昔から、お米の味は、かめばかむほど甘

くておいしいものだといわれていますように、玄米ご飯はかめばかむほど甘くなります。一口のご飯を百回から二百回くらいかむとすぐ分かります。またかむほど玄米の効果は上がります。かむことは脳の発達と深い関係があり、味覚の幅が広まって微妙な味を味わえるようになるのです。しかし、現代ではよくかむ習慣がなくなってきて、親が子供に「早く食べなさい」とせきたてるようになっています。

歯はものをかみ砕き、消化を助けるものとだけ思いがちですが、実はそんな単純なものではなく、歯はアゴを育て、頭を育て、体を育てる大切な器官なのです。歯の形、かみ合わせ、アゴやアゴを動かす関節の形など、どこからみても食べものをよくかまないことには生命力が強化されない仕組みになっています。つまり、かむという動作には、生命を養う仕組みが幾重にも秘められています。一口五十回はかむ習慣をつけましょう。

◆玄米ごはん

材料（五人分）　玄米四カップ、水五カップ、自然塩一つまみ。

炊き方（圧力なべを使用の場合）　玄米を水で洗い、圧力なべに入れて大体二割増しの水を入れます。二十分間くらい置いて塩を一つまみ入れ、ふたをして火にかけます。分量の多い場合はいきなり強火でもいいのですが、少ないときは始め五分間くらい中火にして、のち強火で沸騰するまで炊きます。

沸騰しておもりが振れてきたら弱火にし、二十五分間くらい炊いたのち火を切ります。そのまま放置して二十分間くらいしたらもう一度火をつけ、十秒間程度強火にして火を切り、おもりを浮かして残った蒸気を全部抜いてからふたを取ります。

水加減も、分量が少ないときは多めに入れるようにします。

鉄がまで炊いたご飯や土なべで炊いたご飯は、甘味が十分に感じられておいしいものです。いろいろ工夫して炊いてみましょう。

◆玄米パイ

タマネギ、ニンジン、ニラなどといためごはんを作ります。コムギ粉に少しのゴマ油と塩を加え水で耳たぶぐらいの固さにこねてねかします。これを、間に空気を入れるようにして、のばしたり、たたんだりしてパイ皮を作ります。二つに分け、一方を冷やし、他方をパイ皿にひろげ、プツプツ穴をあけ、いためごはんをその上に置き、冷やした種皮をひろげて上にかぶせ、中央に×印をつけて天火で焼きます。つや出しにしょうゆとゴマ油と本クズ粉をまぜて煮たものをハケで塗り、再び天火に入れて仕上げます。

◆炊き込みご飯

玄米をしばらく水につけ、ざるにあげます。圧力なべに、水にもどして線切りしたシイタケ、油抜きして細切りした薄揚げ、きぬ皮を取り、二つまたは四つ切りして塩をまぶしておいたコイモ、鬼皮だけを取り、油でいったクリ、小さくささがきしたニンジン、ゴボウ、レンコンを一緒に油いためし、塩で下味をつけたものを順に入れて重ねます。その上に米を置き、コンブ出し汁を静かに入れ、塩としょうゆを入れて炊きます。具は米の三分の一以下にしましょう。

水加減はしょうゆを含めて米の二割増しにします。

◆おむすびいろいろ

おむすびは家庭でも、またピクニックや旅行にも便利で食べやすいもので、またとてもよいおやつにもなります。玄米ご飯は、静かによくかんで食べることが大切です。よくかめばかむほどおいしくなり、消化吸収がよくなるから胃腸の負担が軽く、量が少なくて済むから動きやすい。しかも体がよくなるという大きな、大きなおまけがつきます。

ご飯をよくかむためには、おかずを少なくするとよく、かむ間は、おむすびやおはしを手から離すとよいです。忙し過ぎる人は、かみながら仕事をするのも一案です。家庭で「カミカミコンクール」をするのも面白いでしょう。

食物によって、人間の体はよくも悪くもなります。注意して食を正しくすることは、体の養いを正しくすることで、結局は人間を正しくすることになるから、非常に大きな意義があるのです。

玄米ご飯を炊く時は、必ず、ほんの少々塩を入れること。炊き方はいろいろありますが、出来たご飯は食べやすく、ふっくらと仕上げることです。出来たてのご飯は熱いうちにむすびましょう。塩水または梅酢(なければウメボシに少しの水を入れて作れます)を用います。
◎巻きむすび　芯にウメボシや漬物、しぐれみそ、キンピラ、コンブなどのつくだ煮を入れてむすび、ノリやシソ姿(ウメ酢に漬けた赤ジソのこと)で巻きます。
◎まぶしむすび　ウメボシの中の赤ジソを天日に干して粉にしたユーカリや、塩味したキナ粉、軽く火にあぶってもみほぐしたワカメ、青ノリの粉末、ゴマ塩などをまぶします。
◎焼きむすび　おむすびのまわりにしょうゆを軽くつけて、金網の上で少しこげ目がつくように焼いたり、フライパンで油焼きします。

◆小豆入り玄米ご飯

玄米とその一割の小豆を一緒に圧力なべに入れ、一・五―二割増しの水と塩少々を入れて炊きます。月に二、三度は食べるように決めておくと、胃腸を整えます。

七草がゆ

屠蘇《とそ》や雑煮、お節料理でお正月をお祝いした後の七日には、七草がゆを祝います。枕草子にも「七日は、雪まのわかな青やかにつみ出でつつ」と、七草を祝った様子が書かれています。

「七草なずな　唐土の鳥が日本の土地へ　渡らぬ先に　何草はやす　七草はやす　ストトン　トントン」と七草ばやしを唱え、包丁とすりこ木で調子をとりながら細かく刻んでかゆに混ぜ込む風習もあったようです。

セリ、ナズナ、ゴギョウ、ハコベラ、ホトケノザ、スズナ、スズシロこれぞ七草―と歌い伝え、七種をかゆに煮込んで神に供えるとともに、家族みんなでいただきます。大地の植物が順調に育つよう豊作を祈ると同時に、健康を願う行事でもあります。

七草がゆを食べると万病を免れるとも伝えられています。青野菜の乏しい時期に、寒さに耐えて萌え出てくる生命力と、豊富なビタミンやミ

ハコベラ

ホトケノザ
（コオニタビラコ）

スズナ
（カブ）

スズシロ
（ダイコン）

ネラルを食べると、その薬効はもとより、心身の浄化を図ることが出来ます。ごちそうをたくさん食べて働き過ぎた胃腸への、やさしい思いやりでもあります。

もともと、旧暦の正月七日の行事ですし、町の中では七草がなかなかそろいませんので、そろうだけの野草と葉野菜を使って作りましょう。ハコベやナズナは、日当たりの良い場所にかわいい葉をつけて育っています。

◆七草がゆ

材料（五人分）　玄米二カップ、もち五個、ゴマ油大さじ二、七草と葉野菜適量、自然塩少々。

作り方　なべに七カップの湯を沸騰させ、玄米を軽くいって入れた後中火にして気長く煮ます。途中かき混ぜないこと。

玄米が軟らかく煮えたら七草を細かく刻み、ゴマ油で軽くいためて塩味をつけ、かゆに混ぜ込みます。かゆ全体にほどよく塩味をつけ、焼いたもちを入れ、刻みネギか青ノリを振りかけ風味を添えます。

〈春の七草〉

かゆや重湯を炊くときの鍋はなるべく土鍋がよいのです。

春一番の野草はアクが少ないので、ゆでこぼす必要はありません。また味付けもみそ味にした七草雑炊や、ヒエやアワを混ぜた雑穀七草がゆもよいでしょう。

（かなりの地方でコオニタビラコがホトケノザとされることが多いです。）

風邪をひいたら

風邪は、ふだんからの食べ過ぎや不自然な食物を食べたり、睡眠不足や心理的な疲労や運動不足などで、体の抵抗力が弱っているときひきやすくなります。風邪は初めは冷たい空気に当たってセキ、クシャミ、鼻水が出る程度ですが、進行してくると粘膜の炎症が起こり発熱、頭痛などの症状が伴うようになります。

ビールス感染によるとされる流行性感冒にしても、ビールスが体内に侵入しても風邪にかからない人はたくさんいます。風邪をひくかひかないかは、体質の良し悪しや体力の強弱などによると思われます。特に胃腸の状態の影響は大きいので、日ごろから正しい食事をするようにしましょう。

本格的な冬の寒さの最中には風邪をひく人は案外少ないようですが、気温の差が大きいとき、油断してひいてしまいがちです。

風邪は不思議な病気で、原因についても病理についてもいろいろな説があるようです。

風邪薬の数も非常に多く、いまだに特効薬は見つかっていません。どんな人でも一度は経験している風邪ですが、実は万病の元といわれている通り軽視出来ないものです。

〃海水浴で皮膚を真っ黒に日焼けした年の冬は風邪をひかない〃とか〃胃を丈夫にしていれば風邪をひかない〃など、予防法にもたくさんの言い伝えがあります。風邪をひきかけてあわてて薬を飲む前に、昔から知られている手当て法を試してみてはいかがでしょうか。台所にある野菜を使った方法を紹介しますので、症状に合わせてどうぞ。

◆ダイコン湯

寒気がし、すぐ発熱して顔色が赤くほてっている場合に。ダイコンおろし盃三杯にショウガおろしをその一割加え、純正しょうゆ大さじ一杯ぐらいを入れ、それに二カップの熱い番茶を注ぎます。なるべく熱いうちに一度に飲んで、布団を頭までかぶってじっと我慢していると、全身の毛穴から猛烈に汗が噴き出してきます。

十分汗が出たら、熱い湯で絞ったタオルでふき、着替え

ます。熱がスッと下がります。しばらく様子を見て、また熱が出るようならもう一度同じようにして飲みます。一、二回で抑え、それ以上は飲まないでください。随分疲労しますから。

◆ネギみそおじや

いつの間にか風邪をひいていて、たいして熱も出ないけれど顔色が悪く、いつまでも寒くて長引いている場合に。

玄米ご飯に水を加えて煮、みそ味を濃いめにつけて刻みネギをたっぷり入れ、熱いうちに食べます。ダイコンやレンコンがあれば一緒に煮てもよいです。ネギのひげ根は捨てずに、刻んで一緒に入れましょう。野菜はすべてきれいに洗い、皮ごと食べます。

熱いネギみそおじやを食べると体がしんから温まります。汗が出てきたらすぐ着替えるようにしましょう。また体を冷やさないよう工夫しましょう。

◆レンコン湯

セキを伴った風邪で、タンが出るような場合に。

レンコンを盃一杯分すりおろし、それにショウガを小さじ一杯くらいおろしたものを混ぜます。塩少々を加えて、熱湯を半カップくらい注いで飲みます。レンコンは節の近くの方がよく効きます。

◆クズ湯

寒気がして鼻水が出たり、クシャミがでて鼻の奥がなんとなくむずむずしたり、のどがカラカラするとき、クズ湯を寝る前に飲みますと血液循環が良くなり、発汗作用を促し早く回復します。

作り方　本クズ粉大さじ一杯を少しの水で溶き、沸騰している湯カップ一杯を注ぎ、ショウガの絞り汁少々を加えてしょうゆ味をつけます。梅肉エキスを追加しますと、特に腸の調子を整え回復を早めます。

◆梅干しの黒焼き

梅干しを素焼きのつぼで黒焼きにして、一粒に熱い番茶を注いでしょうゆで味をつけて飲みます。

◆芋パスター

のどがはれたときや頑固なセキが出るときに、のどや気管支あたりに芋パスターを貼るとはれや熱を取り去ります。

作り方　サト芋の皮をむき取り、すりおろしてショウガおろしを一割くらい入れ、小麦粉をつなぎにしてよく混ぜます。布か和紙に一㌢くらいの厚みに延ばしてはれたのどに直接くっつくように貼ります。三、四時間おきに貼り替えます。乾いてカラカラになると取りにくくなるので、やわらかいうちに取り替えるようにします。

◆青菜のまくら

頭に熱があるとき、ダイコン葉やカブの葉を数枚まくらの上に置き、一、二時間おきに取り替えます。キャベツやハクサイで代用してもよいです。氷まくらで冷やすより無理がなく、気持ちがよいです。

◆ショウガ油

頭痛がひどいとき、ショウガ汁にゴマ油を同量、よく混ぜ合わせたものを局部にすり込みます。

果物は体を冷やす陰性の強い食品ですから、風邪をひいたときなどは多食しないようにしましょう。

塩水のうがいも大変有効です。毎日梅干しを食べると風邪にかかりにくくなります。

食養では、風邪を陰性な風邪と陽性な風邪に分けて取り扱います。陰性な風邪は体を冷やし、水気を増やすような食物の取り過ぎによるものですし、陽性の風邪は、塩分の取り過ぎや動物性食品の取り過ぎによるのが多いようです。風邪はふだんの生活の陰陽不調和によるものだと言えます。

風邪をひいたら、軽いうちに、陰陽調和のある生活に戻るようにしましょう。

少食少飲が、最も手近な風邪の予防法です。

芋パスターの作り方

節分の日

赤鬼や青鬼のお面をくっつけた豆菓子が店先に並びだすと、節分が近づいたことを感じ、厳しい寒さの中で春の訪れる足音が聞こえてくるようです。

子供たちの作った怖い鬼の面をかぶった父や兄が門口に立つと、弟や妹が力いっぱい大きな声で「鬼は外、福は内」と叫びながら追いかけて、打ち投げる豆で退散して行く劇は毎年のことながら面白くて心の洗われる思いがします。

節分は季節の変わる分かれ目ですから一年に立春、立夏、立秋、立冬についてそれぞれの節分があるのですが、今日では立春の前夜のことをさしています。

節分の夜、ヒイラギの枝に塩イワシの頭を刺して戸口に挟んだり、軒下につるして厄払いとする風習がありました。今から約千年前の土佐日記に「小家の門のしりくべ縄のなよしのかしら、ひひらぎら」と出ているところから、初めはボラの稚魚を用いていたのがずっと後になって、イワシを用いるようになったようです。

豆まきは鬼遣（おにやらい）といって、中国伝来の宮中での大みそかの行事だったものが、庶民の間では「鬼打豆」となって普及したもののようです。

今でも神社やお寺で、信徒のうちから年男を選び盛大な豆まき式を行っている所があります。これは健康を祈願し、病魔追放を象徴する行事なのです。豆まきで庭先に飛んで行った豆を、翌朝ハトが来て食べているのを見るのは、のどかな立春の朝の光景です。

◆いり大豆

大豆を濃いめの塩水に三十分くらい浸し、皮にしわが寄る程度でザルに打ち上げ、ほうろくを使って中火で気長く、香ばしくいります。

◆イワシの塩焼き

イワシは全体にふり塩をしておき、七輪に炭火をおこし、うちわでパタパタあおぎながら強火の遠火で色よく焼き上げます。すりダイコンをたっぷりと添えます。

ダイコンは魚の毒消しです。産卵時期で脂ののっているイワシにダイコンはとてもよく合います。

◆**すむつかり（しもつかり）**

平安時代から栃木県に伝わっている郷土料理で、節分の豆まきに使ったいり大豆で作ります。ダイコン五百グラムをダイコン突きの粗目刃で突きおろし、なべに少し平らに入れ、その上にいり大豆一カップを入れ、その上に突きおろしたダイコンを重ね、その上に油揚げ一枚とニンジン百グラムをせん切りにし、酒カス百グラムを細かくほぐして混ぜ合わせたものを重ねて置き、またダイコンを入れ、その上にサケの頭二百グラムを刻んで並べて、最後にまた残ったダイコン全部で覆います。

ダイコンを突きおろしたときに出るダイコンの汁と、米酢かユズの酢四分の一カップと水二カップを混ぜ合わせた汁を加えて約一時間、中火で煮ます。好みのしょうゆ味をつけてよく混ぜ合わせ、十分味を含むまで煮込みます。冷えてからでも、寒いときなのに不思議においしくなります。

みそ汁

寒い朝、しんから体を温めてくれるのはみそ汁です。みそ汁は古くから私たちの朝食の主役を演じてきており、長い間に日本人の体質や感情、考え方などを生み育て、日本文化を築いてきたものといえましょう。

みそ汁は、身近にある材料をなんでも実として使います。たかがみそ汁と思われるかもしれませんが、日本料理を代表する精進料理の一汁三菜の汁も、懐石の最初に味わう汁もみそ汁ですから、非常に重要な位置を占めているのです。

漆器のおわんによそったみそ汁のぬくもりといい、汁の実や吸い口に盛り込まれたさわやかな風味や季節感、美しさといい、外国の料理がまねの出来ない日本独特のものです。みその種類は多く、またそれぞれに

特徴を持ち、混ぜ合わせてうまみを出すなど郷土色や各家庭の自慢の味を生み出してきました。

徒然草の中の執権北条時頼が夜遅く平宣時を呼んで酒をくみ交わした話に、酒のさかながないので、夜分で皆寝ているし、何かないかと探させたところ、台所の棚にあった素焼きの器に入っていたみそを見つけて差し上げると、結構だといって満足され上機嫌だったそうです。

当時の質素な生活と人柄がしのばれますが、そのみそはさぞかし十分に熟成していて、添加物の入らない自然のうまみを備えたおいしいみそだったことでしょう。

ところで受験期になると、広島市内にあるみそ地蔵に合格祈願する受験生や親の姿がたくさん見られるようになります。みそが大好きだった可児才蔵（かにさいぞう）の地蔵の頭にみそを供えるのですが、それは脳みそがよくなるように、また試験問題が落ち着いて解けるよう、のぼせた血を下げるようにとする祈願です。みそ汁を食べると不思議に心が落ち着きますので、受験生にはとてもよい食事です。

みそは、大豆と米（または麦）と塩を原料にして、こうじカビで発酵させたもので非常に吸収がよく、良質の植物性タンパク食品です。今日ではその高い栄養価のために欧米でもＭＩＳＯと言って広まっているようです。

体の弱い人が体質改善するよい方法は、玄米飯と十分熟成したみそで作ったみそ汁に季節の、しゅんの味を盛り込んで毎朝食べることです。

一生の　守り本尊尋ぬれば　朝夕食べる　飯と汁なり——古歌

食養料理の一つとして作るみそ汁を紹介しましょう。

材料（五人分）　タマネギ一〇〇㌘、カブ五〇㌘、ワカメ五㌘、豆腐半丁、サトイモ二個、セリやハコベ少々、麦みそ七五㌘、ゴマ油大さじ半、昆布一〇㌢。

作り方　タマネギを薄いクシ切りにしてゴマ油でいためておきます。なべに水に戻して刻んだワカメを入れ、その上に二㌢角に切った豆腐、次に薄切りのサト芋、薄く刻んだカブ、その上に先にいためたタマネギを重ねておき、昆布のだし汁でゆるめに溶いたみそをかけ、だし汁を実にひたひたに入れて火にかけます。

実が煮えたらちょうどよい味になるまで水またはだし汁を加え、ひと煮立ちさせてからよく混ぜ合わせます。セリやハコベをあしらい、椀によそいます。

カキのなべもの

寒い夜、温かいなべを囲んでにぎやかに食べる楽しさは格別です。なべものは全国各地に伝統のある郷土料理として受け継がれ、その地方の特産物にしゅんの魚介類や野菜を調和よく取り合わせた、栄養豊富な料理です。

中国地方でも、広島特産のカキを使ったなべ料理は有名です。カキは呼吸器の弱い人や虚弱体質の人によい食べ物です。

◆カキの土手なべ

材料（五人前）　カキ三〇〇㌘、ゴボウ一〇〇㌘、ミツバ一束、ハクサイ四〇〇㌘、白ネギ二五〇㌘、焼き豆腐二丁、昆布だし三カップ、麦みそ二五〇㌘。

下準備　カキはおろしダイコンの中に入れて混ぜた後、薄い塩水で振り洗いします。ゴボウはささがきにしてゴマ油でいためます。ミツバは四㌢長さ、ハクサイも四㌢の短冊切り、白ネギも大きな斜め切りにし、豆腐は三㌢の角切りにしておきます。麦みそは昆布だし大さじ四でよくすり合わせます。

作り方　土なべの縁回りにみそを土手のように塗り付け、なべ中央にハクサイ、豆腐、白ネギ、いためたゴボウを順に重ね入れ、その上にカキを置いてだし汁を一カップ入れて弱火にかけます。底に近いみそが少し焦げ気味になると風味が増します。時々だし汁を加えます。カキがふっくら煮えたらミツバを加え、さっとくぐらせる程度で食べます。

◆カキちりなべ

ちりは魚介、豆腐、野菜などを材料にする淡白な味のなべで、たれと薬味で食べます。食べた後の残り汁にご飯やもちなどを入れて食べてもおいしいものです。

材料（五人前）　カキ三〇〇㌘、サヨリ一五〇㌘、ダイコン二〇〇㌘、ニンジン五〇㌘、セリかミツバ一〇〇㌘、シュンギク一〇〇㌘、ハクサイ三〇〇㌘、豆腐一丁、生シイタケ五枚、生ワカメ五〇㌘、糸コンニャク二玉、くずきり五〇㌘、もちかうどん、ユズポン酢、ダイコンおろし、刻みネギ、おろしショウガ、七味トウガラシ、ユズ、昆布だし汁を各適量。

下準備　カキは前と同じようにして洗い、ダイコンは半月形、ニンジンは花形に切っておきます。サヨリとセリは五㌢長さ、ハクサイは四㌢の短冊切り、豆腐は三㌢の角切り、シュンギクは茎から葉をむしりとっておきます。生シイタケは石づきを取って笠（かさ）に十字目を入れ、生ワカメはざっくりと大きめに切り、糸コンニャクは湯通しし、くずきりもぬるま湯で戻しておきます。

ユズポン酢は、ユズの絞り汁としょうゆを同量に合わせます。

作り方　土なべの下から順に生シイタケ、生ワカメ、糸コンニャク、ハクサイ、豆腐、ダイコン、ニンジン、カキ、サヨリと重ね入れ、だし汁をひたひたになるくらいに加え、ふたをして強火で煮ます。

カキがふくれて煮えたら、ユズポン酢と薬味を好みの味に調えてつけながら食べます。セリやミツバ、シュンギクはさっと汁の中をくぐらせる程度で食べますが、くずきりやうどん、もちはなべの状態を見て加え、煮込んで食べます。

ひなまつり

三月三日はひな祭です。

五節句の一つで上巳《じょうし》、重三、桃の節句とも呼ばれ、女子を祝福する祝日として、端午の節句と同じようになじまれ大切にされてきました。

清水で心身のけがれを洗い清めて健康と平安を祈願するのが趣旨で、災禍や病気などの不幸を人形に託して川に流す「流しびな」の風習がいまも残っている地方があります。折り紙や千代紙や粘土で手作りのひな人形を作って飾り、草もちやひしもち、甘酒、おすしなどをお供えしましょう。

◆草もち

材料　玄米粉二五〇㌘、もち玄米粉二五〇㌘、ヨモ

ギ一五〇㌘、小豆カップ一、塩少々。

作り方　三倍の水で小豆を煮ます。途中で三、四回水を差して、よく煮えたら塩小さじ一杯を入れて混ぜ、冷めたら三㌢大に丸めます。

摘んできたヨモギを洗い、少しの水に塩少々を入れて色よくゆで、小さく刻みます。

玄米粉ともち玄米粉をよく混ぜ、塩小さじ一杯を加え、ぬるま湯を少しずつ入れて固めに練り、蒸し器で蒸し、ヨモギを入れてすりこぎでよくつき混ぜます。四㌢大に丸めてから平らにし、小豆あんを包み、好みの形に整えます。

◆ひしもち と ひなアラレ

材料　もち玄米三カップ、七分づきのもち米五カップ、ヨモギ適量、塩少々。

作り方　もち玄米と七分づきのもち米を別々にたっぷりの湯に浸し、三、四日置いたのちザルに打ちあげます。圧力なべの底に一カップの水を入れ、穴のあいたさなの上に米を入れて圧力をかけて蒸し、電動もちつき器かすりこぎでつきます。

先に玄米もちをつきます。七分づきもち米の方は半分はそのままもちにし、残りには色よくゆでて刻んだヨモギをつき込み、ヨモギもちにします。それぞれ一・五㌢の厚みの板もちを作り、切りごろになったらそれぞれひし形に切りそろえ、三色のひしもちを作ります。切れはしを小さなサイコロに切って干し、いると三色ひなアラレが出来ます。

◆甘酒

もち玄米を軟らかいご飯に炊き、六〇度くらいに冷まして甘酒こうじを入れて混ぜ、六、七時間保温すると玄米甘酒が出来ます。水で薄め、必ず一度煮たたせて、塩少々とショウガ汁を数滴加えていただきます。

◆散らしずし

玄米四カップをふっくらと炊き、熱いうちに梅酢大さじ二を水で倍に薄めてご飯と混ぜ合わせます。薄めた梅酢に米酢を少し加えてもよいです。

高野豆腐二枚と干しシイタケ二枚を湯で戻し、三㌢の長さで薄く切り、昆布のだし汁二カップとしょうゆ大さじ二杯でそれぞれ煮ます。レンコンを薄く半月形に切り、倍に薄めた梅酢でひと煮立ちさせます。干しユバを水でしめらせて細く切り、からいりしてしょうゆ味をつけます。

ミツバ一束を塩少々入れた湯でゆがき、三㌢の長さに切ります。すしご飯の上に高野豆腐、シイタケ、レンコン、ユバ、ミツバを彩りよく散らします。

◆おひなさま

小麦粉に甘酒をまぜ、塩味し、耳たぶくらいによくこねてしばらくねかせておきます。これを薄くのばして五㌢角の正方形に切り、中央にリンゴを蒸し焼きして塩味したものやキンカンを甘酒で煮たものを置いて、四角錐（すい）に形よく包み、封じて油であげます。

春の野草

春です。長かった冬とお別れです。木々のつぼみもふくらみを増し、いろいろな野草もたくましく芽吹いてきました。ヨメナ（うはぎ）、コオニタビラコ（ほとけのざ）、ハコベ（はこべら）、ナズナ、ノビル、フキノトウなどの食べられる野草も姿を見せ始めました。

暖かい日には家族そろって野に出、これらを摘んで野趣あふれる味覚を楽しんでみましょう。新芽の野草はアクが少なく、単純な料理の方がおいしいものです。野草には薬効性もあり、漢方薬になっているものもあります。

春苦味夏は酢のもの秋辛味冬は油と合点して食え

（石塚左玄）

フキノトウ

ヨメナ

野草を食べるのはたいへんよいことです。野草の成分は野菜よりカルシウムなどのミネラルやタンパク質が多い半面、苦味やアクや酸味の強いものもあります。おいしくても量は野菜よりずっと少なくしないとかえって害を受けます。また誤って毒草を食べないように注意しましょう。

市内では野草は摘みにくいので一斗かんや深めの強いビニール袋に土を入れ、根ごと採ってきた野草を植えておいたり、野菜でも根のついたネギやニラ、ミツバやシュンギクなどを買ったときには根の部分を捨てないで植えておくと、次々と葉が出て重宝です。

◆ヨメナご飯

酢のすぎた　嫁菜の果ては　野菊かな　　許六
万葉の時代から親しまれ歌に詠まれてきたヨメナの味と香りは、春の野草の代表です。

秋に薄紫のかわいい花を咲かせる野菊の苗がヨメナです。よく似た草がありますが、茎の下半部が赤紫色を帯び、葉は多少つやがあります。

塩ひとつまみ入れた熱湯でゆでて小さく刻み、ゴマ油でいためて塩としょうゆで味をつけ、炊きあがったばかりの玄米ご飯に混ぜ込みます。

ほかに、すりゴマとしょうゆであえた「ゴマあえ」や「おひたし」「てんぷら」などにしてもおいしいです。

またヨメナの生葉の汁は虫さされによく、ハイキングなどのとき、応急処置によいです。

◆コオニタビラコのゴマあえ

田んぼのあぜ道などに生えていて、黄色の小さい花を咲かせています。食べごろは花の咲く前で、味はやや苦みがあります。

よく似た草にオニタビラコやヤブタビラコがありますが、コオニタビラコの方がはるかに小さい形をしています。どれも食べられます。

塩ひとつまみ入れた熱湯でさっとゆでます。白ゴマをいってすりつぶしてしょうゆ味を付け、ゆでたコオニタビラコを混ぜ合わせます。

◆フキノトウみそ

最近では栽培したフキノトウを見かけますが、やはり自然の厳しい寒さの中で育ったガッチリと固い

スミレ

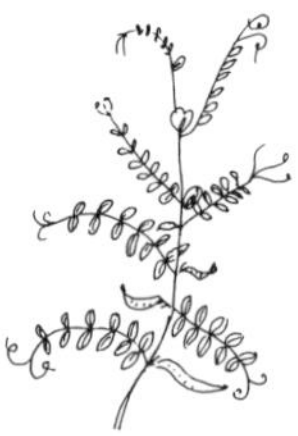

カラスノエンドウ

シロツメクサ

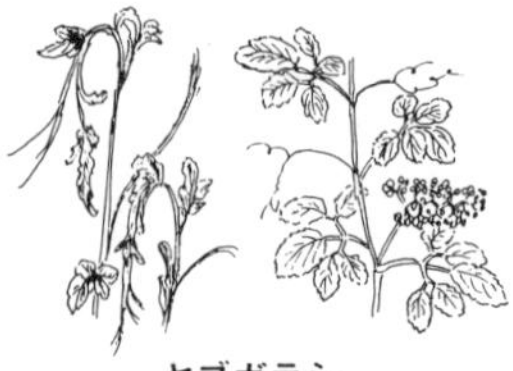

ヤブガラシ

フキノトウの味と香りは、格別です。

開いていないフキノトウを五つくらい小口切りにして、大さじ一杯のゴマ油でいためめ、大さじ二杯のみそを入れてよくいためます。フキノトウの苦みは相当強いので、ゆでてから調理する方が一般的ですが、私はゆでずに使います。

塩漬けにしたフキノトウをみそ床や酒カスに漬けても保存がきき、おいしく食べられます。ほかに「てんぷら」や「汁の実」にして食べます。虫下しの薬効もあります。

◆ヤブガラシの酢みそあえ

ヤブガラシのつるは生長が早く、つるの先を何にでも巻きつけて覆いかぶさるので、この名がついているのでしょう。

先の柔らかい芽の所だけを摘み取り、塩ひとつまみ入れた熱湯でゆでて酢みそであえます。「ゴマあえ」もおいしいです。食べられる時期はほんの短期間で、すぐえぐみが出てきます。しかし、おいしいからといってたくさん食べるものでもないでしょう。

◆カラスノエンドウの油いため

幼いころ、豆茶を作るのにカラスノエンドウのサヤ豆を取って歩いたことがありましたが、最近、手でつまんで取れる先の柔らかい葉を集めて賞味してみました。

ゴマ油でいためてしょうゆ味を付けたのですが、甘みがあって癖のない大変おいしい味でした。花も一緒に食べると、蜜も手伝って一層おいしくなります。

◆シロツメクサのゴマみそあえ

四つ葉を探して本に挟んだり、花で首飾りを作ったりして遊ぶのが、シロツメクサです。柔らかい葉を塩ゆでにし、白ゴマをすり、白みそと混ぜてあえます。

この花に似たレンゲソウも、同じようにして食べたり、「てんぷら」にするとよいです。

◆スミレご飯

一度食べたら忘れられないのが「スミレのおひたし」です。野原が少なくなった最近では野スミレを見つけることも難しくなりました。群生しているのですが、根こそぎに取らないようにしましょう。

塩ひとつまみ入れた熱湯でゆでると、独特のぬめりが出て、癖のない味になります。小さく刻んで少し濃いめにしょうゆ味を付け、出来たての玄米ご飯に混ぜ込みます。花も二、三輪、湯の中をさっとくぐらせて添えるとかれんなスミレご飯になります。

スミレはゆでて「つくだ煮」や「サラダ」にして酢じょうゆで食べても野趣ある味です。野草は成分が濃いので、野菜のようにたくさん食べるものではありません。

スミレは花の形が大工さんの使う墨壺によく似ているので、この名がつけられたそうです。

◆ノビルとワケギのぬた

ノビルとワケギは三㌢に切り、空いりして塩味をつけ、さましておきます。レンコンはすりおろします。ゴボウとタマネギはみじん切りにしておきます。それに板ふを小さくちぎってショウガ汁少々と塩を入れ、コムギ粉をつなぎにして十円玉くらいの大きさにして油で揚げます。みそとピーナツバターとすりゴマを合わせて梅酢を入れ、空いりのとき出たワケギの汁を一緒にしてまぜてあえます。

ワケギのひげ根は衣をつけててんぷらにします。

◆野草のてんぷら

ヨモギ、ヨメナ、オオバコ、タンポポ、ユキノシタ、クコなどの葉を塩味した水溶きコムギ粉の衣をつけて中温の油で揚げます。

そうめんを五、六本束にして一端に衣をつけて揚げると松葉のようになります。

タケノコを薄く切り、味つけして衣をつけ、高温の油で揚げます。

◆ヨメナのキャベツ巻き

ヨメナを色よく空いりし、塩味をつけます。キャベツは塩をふって蒸し、さまします。ヨメナをしんにしてキャベツで巻き、二㌢の長さに切ります。しょうゆをかけて食べます。

◆ヨモギ茶

ヨモギの葉約十㌘を一カップの水でせんじ、塩少々を加えて飲みます。虫下しになります。ヨモギをさっと湯の中を通し、乾かしておくと年中使えます。

春のお彼岸

春のお彼岸の中日が春分の日です。太陽は真東から昇って真西に沈んで午前と午後の時間が同じになり、この日から夏至まで、昼間の長さが少しずつ長くなります。

昔から春分と秋分の日の前後七日間を彼岸会とし、ぼたもちを作って仏前に供えるなど大切な行事として行ってきました。

ぼたもちとおはぎは同じものですが、春のボタンと秋のハギに対応させて呼び名を変えて言うところは優雅なものです。

◆ぼたもち

玄米二カップともち玄米二カップを一緒になべに入れ、水五カップと塩小さじ一を入れて玄米ご飯を炊く要領で炊きます。出来たご飯はすりこ木で軽くつき、小さな丸いもちにします。

小豆二カップを三倍の水で柔らかく煮、ほどよく塩味をつけ、練り上げます。先のもちを包んで出来上がりです。また、この粒あんをあんこにしてご飯をまるめ、塩味をつけたきな粉をまぶします。

　仏前に供え、知人にもおすそ分けしていただきます。

◆ツクシの煮付け

　小さいころ、母や姉たちと太田川の土手でツクシ摘みをしたことがとても懐かしく、この季節になると思い出します。また、一度は食べないと落ち着かないほど大好物のツクシです。

　ツクシのハカマを丁寧に取り、たっぷりの水の中でザブザブ洗います。緑色の水がきれいになるまで洗い、切らずにそのままゴマ油でいため、しょうゆ味で煮付けます。煮しめてつくだ煮にしておくと当分おけます。

「つくしだれの子すぎなの子」とわらべ歌にありますが、スギナはカルシウムなどを含んでいるので、摘み取って蒸し、カラカラに干して保存し、いってお茶にして飲むとよいです。

◆ノビルのしょうゆ漬け

ツクシを取っていたら、時々かたまって生えているノビルに出会います。案外根が深いので、上手に掘り起こしますと小さな白い玉のようなりん茎がたくさん出てきます。

りん茎だけを洗って瓶に入れ、ひたひたにしょうゆを入れておきます。しょうゆの色がしみ込むころが食べごろです。みそ床に漬け込んでもおいしく、葉は油いためや酢みそあえにして食べます。

◆ナズナのゴマみそあえ

地べたに張りつくようにして葉を広げているナズナですが、真ん中の茎が伸びる前が食べごろです。若葉のうちはあまり特徴がなく、つい見過ごしがちです。柄の長い白色の十字形の小花が穂の下の方から順々に咲きのぼり、花の後の実が三味線のバチに似ていることから、ペンペン草とも呼ばれています。

塩ひとつまみ入れた熱湯でゆでて刻み、いってすりつぶした白ゴマと白みそを混ぜ合わせたゴマみそであえます。

茎が伸びて花の咲くころの葉は「てんぷら」にします。穂先の軟らかい実も「てんぷら」にすると風流です。

花まつり

四月はお花見やお花まつり、入学式などうれしい行事がたくさんあります。入学式を待つ一年生はとりわけ希望に胸をふくらませていることでしょう。

わが国では、何か祝いごとがあると赤飯を炊いたり、もちをつく習慣があります。どうぞ赤飯でお祝いをしてあげてください。

◆赤飯・玄米小豆ご飯

圧力なべに玄米五カップと小豆半カップ、水七カップ、塩小さじ一杯を入れ、ふたをして強火にかけます。沸騰したら弱火にし、二十五分後に火を止め、そのまま二十分間放置します。残った蒸気を抜いてからふたを取り、混ぜ合わせてゴマ塩を振りかけます。

小豆は邪気を払うと言われるほど体によい食べ物です。月に二、三回は小豆ご飯を食べるようにしたいものです。

◆甘茶

四月八日は花まつりです。花で飾った花御堂を作り、天上天下を指さされたおしゃかさまの誕生像を安置して、おしゃかさまの偉大な徳をたたえて甘茶を注ぎかける行事が寺院などで行われます。

甘茶はユキノシタ科のアマチャの葉を夏に摘み取り、蒸して干してせんじたものです。甘味が大変強いので、砂糖のない時代には甘味料にしたり、しょうゆの醸造に利用したりして重宝されたようです。また虫下しの薬効があり、功徳もあるとか。

◆タネツケバナのおひたし

数年前、花盛りの比治山公園に登っていて、清水の流れている場所でタネツケバナを見つけました。白い小花をつけたつやのある葉がとても軟らかそうだったので摘んで帰りました。

塩ひとつまみ入れた熱湯でゆでておひたしにしたのですが、とてもさわやかな味でした。以来、毎年お花見どきには賞味しています。「みそ漬け」や「しょうゆ漬け」にしますと、高級な漬物になります。

◆ツユクサの酢の物

日陰の湿った所に青い花をつけたツユクサが群生しています。塩ゆでして三㌢くらいに切り、ユズポン酢をかけますとコシがあり、アクも癖もなくさっぱり食べられます。花が咲くまでが食べごろです。

◆タラの芽のすまし汁

トゲのある棒のような木の先にチョコンとくっついているタラの芽は、山菜料理の王様と言われます。

昆布とシイタケとカツオ節でだし汁を作り、塩としょうゆで味を付け、塩ゆでしたタラの芽を薄く切って入れ、木の芽をあしらいます。タラの芽はとても陰性が強いのでたくさんは食べないことです。「てんぷら」や「酢の物」にしてもよいです。

芽をたくさん摘み取ると木が枯れてしまいます。春の味を楽しむ嗜好品として、少しだけ賞味しましょう。

タケノコ・山菜

五蕗《ふき》六筍《たけ》という諺のように五月のフキ、六月のタケノコはもう時期が過ぎています。山菜のしゅんは短かいのです。

ちっちゃな手のひらほどのタケノコが出回り始めています。そろそろ、タケノコ掘りの予定なども考える季節となったようです。

家の横の竹ヤブから根が伸びて家の床下にタケノコが生えたこと、村のお寺の裏山にワラビ取りに行ってゼンマイと間違えて取ったことなど、子供のころのことがなつかしく思い出されます。しゅんの短いタケノコやワラビとの出会いも大切にしたい一つです。

タケノコやワラビやゼンマイは共通してアク（特にエグ味）が強く、そのままでは食べにくい山菜ですが、アクをどの程度料理に生かすかがまた魅力であり、コツでもあります。

◆ゆで方

タケノコは皮付きのまま先を斜めに切り落とし、皮の上から二本くらい筋目を入れ、たっぷりの水の中に米ヌカをひと握りとトウガラシとを入れ約一時間ゆでます。竹グシがスッと通ったら冷めるまで置いて皮を取り、水洗いします。

掘りたてのタケノコの場合には、皮付きのままふろの熱灰の中に入れ、焦がさぬよう甘い香りがするまで蒸し焼きします。この方法のときはたくさん食べられません。皮を取り、小さく刻んで梅酢を振って油いためした後、アラメと一緒に煮たり、ヒジキと煮合わせます。一般には米ヌカを使ってゆでる方が無難です。

◆タケノコ飯

昆布とカツオにしょうゆ味をつけただし汁で玄米ご飯を炊きます。だし汁で小さく刻んだタケノコと油揚げを一緒に煮てご飯にまぜ、木の芽を飾ります。

ほかに、木の芽あえや汁の実、煮物、揚げ物などに使います。成長盛りの子供によい食物ですが、多食はしないことです。

タケノコ

ワラビ

ゼンマイ

◆タケノコずし

玄米ご飯の熱いうちに梅酢と米酢をまぜ、すしご飯を作ります。タケノコは薄く切って油でいため、なべに入れます。その上に、小さく切ったもどしシイタケ、フキ、油揚げ、凍り豆腐、ニンジンを重ね、コンブだし汁で煮てしょうゆで味つけします。レンコンは梅酢を加えて歯切れよく煮ます。サヤ豆は塩味でサッとゆでます。具をさましてご飯にまぜます。ユバを水にもどし、油で焼き、塩をふり、細く刻んで上にふりかけ、木の芽を散らします。

◆ワラビ

手でポキンと折れる所から摘み取った、茶色がかった太めのワラビを容器にひと並べしては木灰を振る要領で数段重ねます。上から熱湯を万遍なくかけ、落としぶたをして重しをし、ひと晩置きます。

翌日たっぷりの熱湯の中で木灰のついたままを入れてゆで、茎が柔らかくなったら冷水に取り、二、三時間流水に浸します。木灰の量が多過ぎると形が崩れ、ドロドロになるので少なめがよいです。

保存するときは濃いめの塩漬けにしておき、使う分量だけ出して水に戻し、ゆでます。

ワラビもちは、この根のでんぷんで作ります。

◆ワラビのおひたし　ゆでたワラビにカツオと酢じょうゆをかけます。あっさりして、ぬめりと香りが一番よく味わえます。その他、油揚げと一緒に煮たり、つくだ煮などによいです。

◆ゼンマイ

まずゆでてワタを取り、次に木灰の上澄み液で一時間くらいゆで、その後湯で洗いながら手でよくもんで柔らかくし、アクが抜けるまで流水に浸しておきます。

保存には木灰の上澄み液にひと晩漬けた後、水にさらし、干すとき木灰をまぶして乾燥します。戻すときはたっぷりの水に入れ、弱火で煮立たせてすぐ火から下ろし、冷めるまで置いた後、流水に浸してアクを抜きます。

糸コンニャクと一緒に油いためしてしょうゆ味をつけたり、油揚げと一緒に煮付けたり、酢のものにしてもよいです。多食しないようにしましょう。

きんぴら

金平鬼退治という人形浄瑠璃に出てくる金平は、金太郎の子供で、比類なく強い豪傑です。そんなことから金平という言葉はものすごく強いという意味に使われ、破れない金平たび、はがれない金平のり（ニカワを混ぜている）、荒々しい振る舞いをする金平娘というような言葉が生まれました。

またきんぴらにはトウガラシを使うので、その辛さが強い意味にとられてもいるそうです。

しかし、私は、地下に向かって深く伸びるゴボウの陽性の力、強いアクを持ってはいますが、そのアクに薬効のあること、繊維分が非常に多いこと、食べると身体が強くなることなどから、きんぴらという名はふさわしいと感心するのです。

ゴボウの薬効は繊維が多いので、消化器を刺激して活動を促し、消化吸収を、排せつが進むので便通をそれぞれよくします。

「人のゴボウで法事をする」ということわざがありますが、動物性のものを使わない精進料理の中で、ゴボウは魚のような味を出し、魚のような働きをします。ゴボウは畑の魚といえるのです。

◆**きんぴら**

材料　ゴボウ三〇〇㌘、ゴマ油大さじ三、しょうゆ大さじ六。

作り方　新鮮なゴボウを皮に傷をつけないよう土を洗い落とします。皮をとらず、ひげ根も捨てず、水にもさらしません。

乾いた容器にゴボウの根の先の方から、ささがきにして入れます。二、三㍉おきに回りに包丁目を縦に入れてささがきにしますと大きさも薄さも同じになり、一枚一枚に皮がついて小さいササの葉のようになります。

なべは湯気の逃げない厚手の無水なべが一番うまく出来ます。

なべにゴマ油を入れて熱し、煙が立ったら弱火にしてゴボウを入れ、手早くいためてふたをします。なべの中に湯気が満ちてきたら、ふたのすき間からもれて出ますのでふたをとり、ゴボウを上下かえすように手早くしゃもじでいため、よく押さえてふたをします。

ふたの水分はなべの中にかえします。これを数回続け

ます。

ゴボウの水気だけで煮るのですから、ふたをあけている時間を少なくします。においが甘くかわり、半煮えになったころ、しょうゆを三回くらいに分けて加え、味をつけます。

十分煮えたらふたをとり、いためて水分を蒸発させます。

大体一時間くらいで出来ます。病人用には二、三時間くらいかけて作ります。

食養料理のきんぴらにはトウガラシは加えません。

塩ぜんざい

アメリカに住んでいた世界一の大男ロバート・ヒューは体重四八五キロ、腕の太さ九一センチ、胸囲三二〇センチもあって身動き出来ず、移動するのにトラックを使い、三十一歳で死んだときはクレーンで埋葬したそうです。

これは極端な例ですが、最近では日本でも肥満の人が増える傾向で、厚生省の国民栄養調査によると、四、五十代で三・四人に一人は肥満であることがわかりました。

ここで肥満というのは、上腕と肩の皮下脂肪を足した厚さが男性は四センチ以上、女性は五センチ以上ある場合です。肥満はそれ自身病気ですが、いろいろな合併症を引き起こすので、気をつけなければいけません。

食養では、肥満を陽性の肥満と陰性の肥満の二通りに分けて考えます。

まず陽性の肥満ですが、この肥満は、生まれつき体が強くて健康な人で、消化吸収がよく、食欲にまかせて大食したり、ごちそうを食べ過ぎてぜい肉がついて太った人です。

このような場合は、主食を比較的少なくすることです。圧力をかけないご飯で、麦やトウモロコシや大豆を好みに応じて混ぜたり、パンやめん類もよいです。副食はあっさりしたものがよく、野菜サラダのような生に近いものやスープなどがよいでしょう。塩気も油気も少なくし、切り方も大きく、調理時間も短くてよいです。体をよく動かし、甘いものは厳禁です。ふろや温泉はとてもよいです。

陰性の肥満は、間食のし過ぎで特に甘い物、清涼飲料水、酒類、果物の取り過ぎや即席食品などで胃腸や内臓が弱り、余分な脂肪がついたり、水分が組織にたまってふくれている場合です。このような場合には、主食は精白しない穀物でことに玄米がよく、圧力をかけて、よく火の通ったご飯をおにぎりにして食べるのがよいです。副食はなるべく少なくします。調理は水を入れない無水煮や油いためがよく、切り方も小さくし、塩気、油気も比較的多めにし、調理時間も長くします。断食は向きません。長ぶろはしないことです。

肥満に「ヤセ薬」はありません。最近はインスタント食品や強化食品などが豊富になり、大人はもち論、小・中学生までも肥満が増加しています。気をつけましょう。

◆塩ぜんざい

塩ぜんざいは、利尿作用があり、肥満の人にとてもよいものです。塩で甘みを引き出すことは大変難しいことですが、本当においしいのは実は塩味のぜんざいです。

材料　小豆一カップ、塩（ニガリを含む塩）少々、昆布一〇センチ角を刻む。

作り方　小豆と昆布をなべに入れ、ひたひたの水を入れて中火にかけ、沸騰したら二カップの水を入れます。また沸騰したらびっくり水を差し、柔らかく煮ます。塩味を少しずつ加えて甘みを引き出します。塩辛くしないように気をつけましょう。

圧力なべで早く作る場合は、小豆の三倍の水を入れて煮、沸騰したら二十分間圧力をかけ、火を止め、自然に蒸気が抜けたらふたを開け、塩味をつけて、再び弱火でしばらく煮て味をととのえます。

端午の節句

五月五日はこどもの日です。こどもの人格を尊重し、成長と幸福を願う国民の祝日として大切にされています。

この日は端午の節句、ショウブの節句とも呼ばれて男子の健やかな成長と出世を願い、門先に家紋を付けたノボリやコイノボリを立て、室内には勇ましい武者人形やカブトを飾り、川魚の出世魚であるコイの料理やちまき、かしわもちなどを作ります。また、ショウブの葉とヨモギを束ねて屋根に置いた後でふろに入れる風習も伝えられています。

◆コイこく

正しくはコイこくしょうと言いますが、こくしょうとはだし汁にみそを加えて煮つめた汁物のことを言います。

コイこくは病気の回復時、貧血の人に一時的に用いますが、母乳の分泌をよくするので産後によい食べ物です。

材料（五人前）　マゴイ四〇〇㌘、ゴボウ四〇〇㌘、ゴマ油大さじ一、昆布一〇㌢角、梅干し一個、番茶のだしがら半カップ、ショウガみじん切り少々、豆みそと麦みそ合せて七五㌘、水九カップ。

作り方　自然魚は求めにくいので養魚を求め、二、三日水に放してエサを断ちます。頭を切り落とし、胸を少し開いてニガ玉（胆のう＝ウロコの五―八番目の所にある）をつぶさないよう取り出します。二、三㌢の筒切りにし、頭も尾もウロコもヒレも出た血も全部なべに入れます。

ゴボウは皮つきのままささがきにして、見た目でコイの三倍量ほど作ります。ゴマ油でさっといためてなべに入れ、その上にコイを置き、昆布と水を加え、番茶のだしがらをガーゼの袋に入れて加え、梅干しも一個入れて煮ます。

ひと煮たちさせた後は弱火にし、四、五時間も煮ると骨もウロコもみな柔らかくなってきます。豆みそと麦みそを混ぜてすりつぶし、汁でのばして三分の二を加えます。しばらく煮込み、残りを加えて味を調え、ショウガを加えて火を止めます。

圧力なべで早く作る場合は、油いためしたゴボウの上にコイを置き、昆布、番茶のだしがら、梅干し一個をの

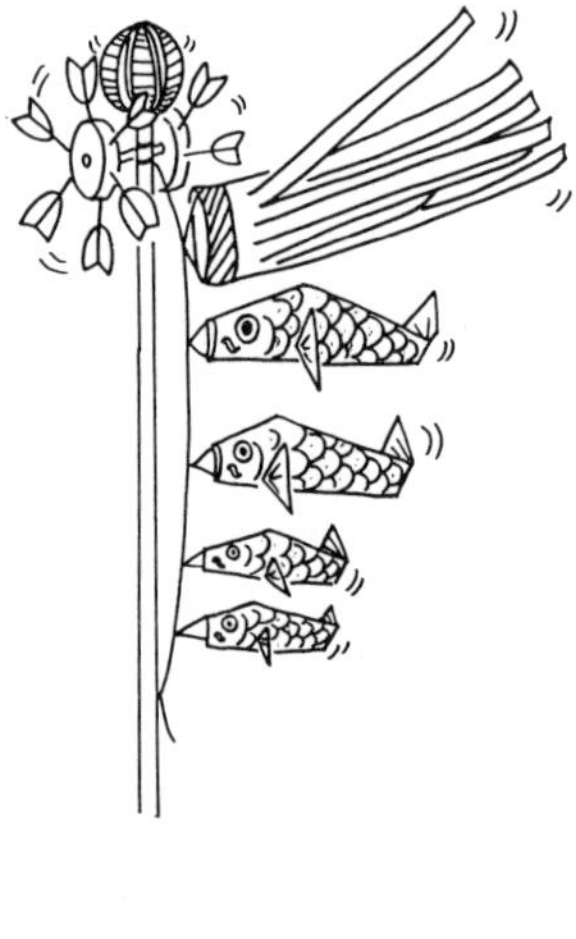

せて水六カップを加え、圧力をかけて煮ます。沸騰したら弱火を五十分間保って火を止めます。自然に蒸気が抜けるのを待ってふたを開け、みそで調味します。

◆**ちまき**

材料　もち玄米粉一五〇㌘、玄米粉一五〇㌘、ササの葉四、五十枚、干しブドウ五〇㌘、わら二〇本、塩小さじ半杯。

作り方　もち玄米粉とうるち玄米粉をよく混ぜ、塩を入れて熱湯でこね、蒸し器にふきんを敷いてひとつかみずつ並べて二十分ほど蒸します。

干しブドウをみじんに刻んで、蒸したもちにつき込みます。手につかなくなるまでこねたら、五、六㌢長さの円錐形にまるめます。

ササの葉の表を内側にして三枚持ち、真ん中のササの上にもちをのせて二つ折りにし、両側の葉で包み込むようにしてわらでくるくると巻いてササの軸にくくりつけます。これをさらに五分ほど蒸します。

きな粉やゴマ塩をまぶしつけて食べますが、焼いてもおいしいです。干しブドウを入れないで作るとあっさりしたのが出来ます。

ササの葉は、熱湯にくぐらせて陰干しにすると色落ちしません。

ゴボウ

「根掘り葉掘りゴボウの根まで」ということわざのように、ゴホウを掘るのは大変です。腰の深さまで掘り下げて、根の先端まで傷をつけないように掘るのですから、先の方をポキンと折ったり、皮を取ったり、ひげ根を捨てる気にはなれません。

最近では皮をこすり落としたのや、ささがきして水にさらしたのを売っていますが、皮を取ることは今に始まったことではありません。すでに百六十年前の料理の本の中にも、七種類のゴボウ料理のうち六種類まで皮を取っているのですから、ゴボウの料理といえば皮を取り、アクを抜くことが常識になっているのでしょう。

しかし食養料理法では、皮を取ったりアクを抜くことはしません。むしろ、皮やアクがある方が甘みやうまみや、ゴボウらしい風味を備えた料理になるのです。

ゴボウは中央アジアが原産地でキク科の植物です。奈良時代の末頃薬用として渡来しました。今日でも、中国では薬用としてだけ利用し、根を食用にしているのは日本人だけらしいです。ゴボウは長い根がまっすぐに地中深く伸び、生育がたいへん遅く、土にいる期間が長い。これはゴボウが根菜のうちでは陽性であることを示しています。ゴボウの中でも、細くて長い品種は太くて短い品種に比べるとより陽性なのです。細手のゴボウが、見かけは見すぼらしくても、実質はすぐれていておいしいのはこのためです。

ゴボウの仲間のアザミとタンポポも、食べられる野草のうちでは陽性です。アザミは葉にとげがあり、丈も高く、花は赤紫色でゴボウより陰性ですが、タンポポは葉が地面にくっついていて、花は白や黄色で全体にニガ味があり、ゴボウよりも陽性です。アザミの根は煮物やキンピラにし、タンポポの根はキンピラや鉄火みそにして食べられます。これらは体質改善の薬です。

ゴボウは土の中のミネラルをよく吸収するので土がやせ、連作がききません。無機塩類、とくにカリウムやカルシウムを多く含み、栄養分や繊維質の豊富な、とても大切な野菜です。

ゴボウの根は、アクは強いし、ダイコンやニンジンに比べると皮の色が黒くて地味ですが、それがゴボウの個性です。

ゴボウのアクは油でいため、塩やしょうゆで味をつけるとゴボウ独特の甘くておいしい味にすることができます。土のついたゴボウを洗う時は、皮をいためないように、赤ちゃんのやわ膚を洗うように、そっと土や砂を洗い落とすだけにしましょう。切る前には、水気をよく切っておきます。

◆三種キンピラ

材料　ゴボウ五〇㌘、レンコン三〇㌘、ニンジン二〇㌘、ゴマ油大さじ一、しょうゆ大さじ二。

作り方　無水なべにゴマ油を入れて熱し、ささがきしたゴボウを入れて混ぜ、ふたをして弱火にします。しばらくして、湯気がもれて出てきたらふたを取って混ぜ、また上からよく抑えてふたをします。この操作を繰り返して、甘いにおいになってきたらなべの片隅に寄せて、ささがきしたニンジンを底に入れ、その上に甘くなったゴボウを重ね、その上にささがきしたレンコンを重ねて入れ、ふたをします。蒸気が出たら混ぜる操作を繰り返して七分通り煮えたらしょうゆを三回くらいに分けて入れます。十分煮えるまでいためたらふたを取り、まぜながら残った水分を蒸発させて仕上げます。

◆カシワ揚げ

カシワに似た味がする料理です。

材料　ゴボウ一〇〇㌘、タマネギ一〇〇㌘、小麦粉三〇㌘、塩小さじ半杯、ナタネ油（揚げ油）少々、ダイコンおろし一五〇グラ、みそ二五グラ、米酢少々。

作り方　みじん切りにしたゴボウとタマネギを一緒にして塩味をつけ、小麦粉をつなぎにして混ぜ合わせ、直接に小さじですくって中温の油で揚げます。ダイコンおろしとすったみそと米酢を全部混ぜたものをタレにします。

◆柳川もどき

ゴボウのアクに含まれる陰性と陽性な魚とをうまく取り合わせた料理に、ドジョウを使った柳川なべがあります。最近では、ドジョウは川の水が汚れてほとんど手に入りませんので、柳川もどきを作りましょう。

材料　ゴボウ一五〇グラ、タマネギ一五〇グラ、本くず粉大さじ二杯、しょうゆ大さじ二杯、塩少々、ゴマ油大さじ半杯、だし汁（昆布とカツオ）適宜。

作り方　ささがきのゴボウのアクが甘くなるまで油でいためど、だし汁を材料がかぶるほど入れて柔らかくなるまで煮ます。塩としょうゆで味をつけ、クシ切りのタマネギを並べて入れます。タマネギが煮え、程よく味がついたら本くず粉を同量のだし汁で溶いて流し入れ、とろみをつけます。

夏

自家製の豆腐

二千年ほど前に中国で作られた豆腐が日本に伝わって大いに発展し、全国津々浦々に至るまで豆腐屋ができ、食生活を多彩に潤してきました。豆腐は水が命ですから、よい水の出る所に豆腐屋がありました。

豆腐は大豆のタンパク質や油の一部を水で抽出して、海水から作られたニガリで固めたものです。ところが今日では、ニガリの代わりに凝固剤として硫酸カルシウムや塩化マグネシウムが使われているので、本物の豆腐を食べることはなかなか困難です。

精製してない天然のニガリ（少し茶褐色をしている）を手に入れることが出来たら豆腐は自分で作るに限ります。食品添加物の心配もありません。豆腐作りは意外と簡単です。本物の味を味わい、市販の味と比べてみてはいかがでしょう。天然のニガリは中国からの輸入品ですが、デパートや自然食品店で売っています。

◆豆腐の作り方

大豆二カップは洗って三倍の水に漬け、冬なら二十時間、夏には八時間置くと三倍にふくれます。

大豆と漬け汁を一緒にし、四回くらいに分けてミキサーにかけて乳液状に砕くと呉（ご）汁が出来ます。

大きななべに呉汁とその六〜八倍の水を入れて沸騰するまで煮ます。沸騰したら中火にし、木のしゃもじで焦げつかないように混ぜながら十五分くらい煮ます。ふきこぼれそうになったら水または米ぬかを少し振り入れると泡が落ち着きます。甘い香りになったら火を止めます。

大きなボウルに木綿で三角形に縫った袋をおき、煮汁を少しずつ入れて熱いうちに十分絞り出します。絞り出した液が豆乳で、袋の中に残ったものがオカラです。

絞っているうちに豆乳の温度が下がるので、再び火にかけ、七五度くらいになったら弱火にして、天然ニガリ五㌘を一カ

ップの水に溶いて液面全体にわたって少しずつ入れます。しゃもじで静かに寄せるようにします。一、二ヵ所、液が分離して澄んできたらニガリを加えるのをやめ、ふたをして三分くらい待っていると液が黄色く澄んでフワフワのくみ豆腐が沈みます。穴をたくさんあけた木箱か竹ザルに広めの木綿を敷き、くみ豆腐を移し入れ、包むように布を折りたたみ、押し板をおいて軽い重しを載せます。コップに水を入れて重しにするとよいでしょう。

二十分くらいして豆腐が固まったら水の中で布をはずし、適当な大きさに切り、しばらく水の中に放置してときどき水を換え、余分なニガリを出します。

分離して出た液は、ふろの湯に加えたり、板のつや出しや畑にまくとよいです。

豆腐は温度とニガリの量と重しの加減で、硬くなったり軟らかくなったりします。大豆は輸入ものでなく国内産の方が味もよく、体のためにもよいです。

◆雷豆腐

豆腐の水気を切り、あらくほぐします。薄くまわし切りしたタマネギ、ササガキしたニンジン、ゴボウを別々の皿に用意します。少しのゴマ油を熱してゴボウをいため、なべの一方に片寄せ、次いでタマネギを入れていためます。そのタマネギの上にニンジンをのせ、その上に先にいためたゴボウをかぶせ、しばらく、中火でそのまま煮ます。蒸気が上がってきたら全体を混ぜ合わせて塩味にし、七分通り煮ておきます。

別のなべにゴマ油を熱し、豆腐を入れ、いりあげてから豆腐の上に先の野菜をかぶせるように入れ、しょうゆを入れて汁気がなくなるまでいりあげます。最後に小口切りの青ネギを入れて出来上がりです。

◆七夕豆腐

豆腐半丁を裏ごしします。寒天一本を二カップの水で煮て豆腐と混ぜて固め、細長く切り（ところてんつきでついてもよい）、ショウガじょうゆで食べます。

豆腐で作る加工品

豆腐を作るには、ふきこぼれないような大なべや流し箱なども必要ですし、熱いご（呉）汁を絞るのがたいへんですが、それだけに自分で作った豆腐は家族やお客さまへの最高のもてなしになります。

◆薄揚げ・厚揚げ

豆腐を作るとき豆乳の温度を八五度くらいに上げ、ニガリを多めに入れ、比較的強く混ぜて硬めの豆腐を作ります。

五ミリくらいの厚みに切り、水気をよく切ってからナタネ油で中温で揚げ、冷めてからもう一度高温で揚げると薄揚げが出来ます。

厚揚げは三センチくらいの厚みに切って中温で揚げます。

◆**凍り豆腐**

硬めに作った豆腐を冷凍庫でカチカチに凍らせたのち、湯をかけて溶かしますとスポンジ状になります。絞って水を切り、一㌢くらいの厚みに切って一枚一枚かごに広げて乾かします。煮含めて味をつけます。

◆**豆腐のみそ漬け**

硬めの豆腐を二㌢くらいの厚さに切り、ガーゼに包んでみその中に漬け込みます。一週間後から食べられますが、冷蔵庫に入れて半年、一年と置くと、チーズのような感じになります。

◆**がんもどき**

精進料理の代表です。豆腐を硬めに作り、ふきんに包んで水気を切り、ほぐしてすり鉢でよくすりつぶします。すりおろした山芋をつなぎに入れて粘りが出るまで混ぜ、塩と梅酢を入れてかくし味を付けます。タマネギ、ニンジン、ゴボウ、

シイタケ、キクラゲをそれぞれ少量ずつみじん切りにして加え、さらによく混ぜて三十分くらいねかします。

適当な大きさに丸めて、表面がキツネ色になり芯までよく火が通るように、ナタネ油で中温で揚げます。水気が多くて揚げにくいときには、ソバ粉を少し入れるとよいです。ダイコンおろしを添えます。また煮物やおでんなどにします。

◆ゆば

豆乳を煮詰めていくと、表面に膜を張ってくるのがゆばです。

豆乳を小さめのバットに入れ、湯を張った大きめのなべに浮かべて弱火にかけます。表面に薄い膜が張ってきますので、これを端から菜ばしで引き揚げて金網にのせます。このままで食べるのが生ゆば、火であぶって干したのが干しゆばで、吸い物にしたり、ゆば巻き、つくだ煮などにします。

湯煎しながら、豆乳がなくなるまで膜をとり続けます。

豆腐を使った湿布

暑い夏に冷たいやっこ豆腐を食べるととてもおいしく、また涼しく感じます。これは、豆腐の原料である大豆が、カリウムを多く含み、豆類の中ではとりわけ陰性が強いので、体を冷やす作用があるからです。

この冷やす作用を応用したのが豆腐パスターで、三九度以上の高熱を取り去る手当て法です。

高熱のとき、ゴムまくらに氷と水を入れて後頭部を冷やしたり、氷のうをつるして額に載せるのは、体を一つの熱のある物体として考えているわけで、物理的な対症療法です。氷を使って冷やすと、皮膚の表面は収縮して血行障害を起こし、皮膚から排出する能力を低下させる一方で、炎症はかえって反射的にますます進行する傾向があり、発熱

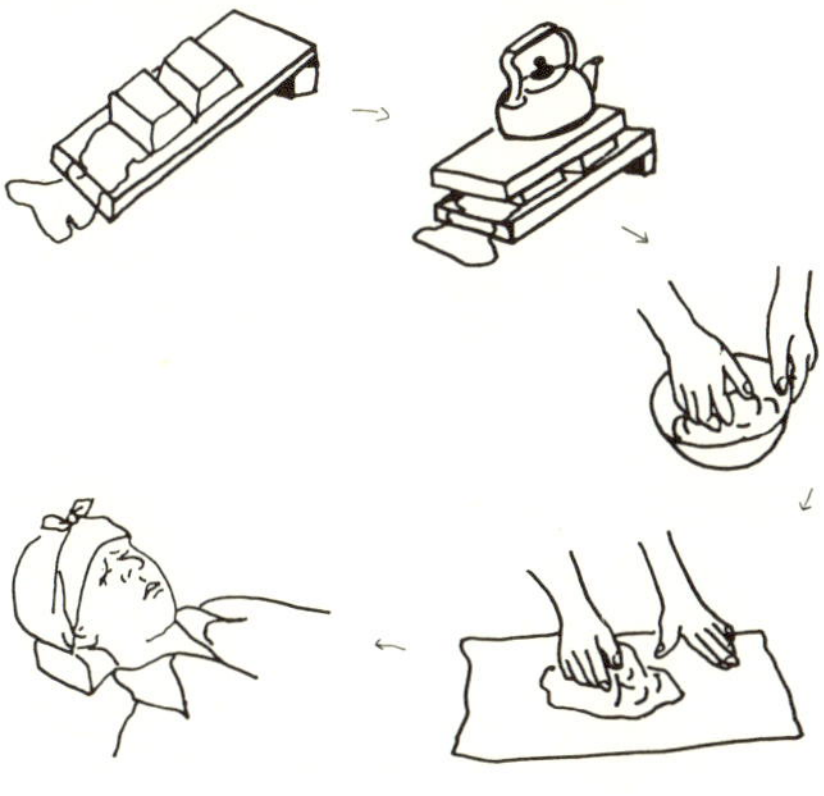

の真の原因に対する処置ではありません。

芋パスターや青菜のまくらとともに豆腐パスターは、食養の根本である陰陽の原理の応用ですから、血行障害を起こすこともなく、無理なく高熱を下げます。と同時に内出血を止め、毒を取る作用もあるので炎症からの回復も早く、後遺症も起こしません。

作り方は簡単ですが、実行はなかなか難しいものです。しかし体験して覚えておくと、いざというとき役に立つと思います。

作り方

木綿豆腐を用意し、まな板に載せ、その上に板を置き、重しを置いて自然に水を切ります。急ぐときはふきんに包んで絞ります。

押しつぶして一割前後の小麦粉を混ぜて粘りをつけ、ガーゼに一センチくらいの厚さにのばして患部に貼ります。小麦粉は入れない方が効果は良いのです。

豆腐パスターを貼ったら、二時間ごとに検温して三八度以下になったら外し、芋パスターに切り替えます。

●脳イッ血で倒れた場合は足が冷たくなっているので足を温め、頭を高くして寝かせます。マヒの起こっている反対側に脳出血を起こしているので、頭の髪をそり落として豆腐パスターを広く貼ります。

熱の高い場合は五分もすると豆腐が黄色になり、熱くなります。ドンドン取り替えましょう。使った豆腐は二度と使えません。検温にも気をつけて手当てをしましょう。

●脳膜炎、耳下腺炎、肺炎、その他激しい炎症の場合や、急性の胃カタル、腸カタルの場合、また子供の原因の分からない高熱の場合には、患部だけでなく頭の防衛のために額に貼りましょう。

●風邪による高熱の場合は、豆腐の一割のおろしショウガを混ぜ、小麦粉も混ぜて豆腐パスターを作り、額や胸に貼ります。

しかし、このような手当てをしなくても済むように、ふだんから食物と生活に気をつけて暮らすようにしたいものです。

ラッキョウ漬け

蒸し暑い日にラッキョウを食べるとさっぱりして、食欲をそそります。

「ラッキョウ食って口をぬぐう」ということわざがありますが、ラッキョウは一種の臭気がありますので、食べて知らん顔をしていてもすぐに分かってしまうということから、悪いことをして隠そうとしても必ず発覚するものだと戒めたものです。

ラッキョウは、出回る時期が非常に短いので、しゅんをはずさないように求め、塩漬け、梅酢漬け、みそ漬け、酒カス漬けなどにして、保存しましょう。

◆塩漬けラッキョウ

材料　ラッキョウ一㌔、塩（ニガリを含む）三〇〇㌘。

作り方　ラッキョウは、なるべく掘り出したままでひげ根のついたものを求めます。根が多過ぎて長いものは、少しまびくように取り除きますが、少なくて短いものはそのまま漬けます。ひげ根の根元は特に念入りに洗います。洗って水を切り、分量の塩を平らな容器に入れ、塩の上をころがすようにラッキョウに塩をまぶして、残った塩も一緒に容器に入れます。容器の口までいっぱいに入れずに、三分の二くらいまでで止めます。

　毎日三、四回、容器ごと振って上下のラッキョウを混ぜ返します。十日間くらい上下を混ぜ返すと、ラッキョウの色がだんだん透き通ってきて香りもよくなります。水は上までは上がりませんが、全体がしんなりしてきたら食べ始めてもよく、保存する場合は冷暗所に置きます。一年間くらい置くと甘味がよく出て、ラッキョウからの酸味と調和します。

　二年、三年と置くほど甘味と酸味が調和して、うま味が出てきます。その上、カリッとした歯触りも長く保たれます。

　歯触りは塩加減により、少ないと早く軟らかくなり、酸っぱくなります。多いといつまでも硬いですが、甘味が少ないです。塩加減がうまくいくと、三年間くらいは歯触りもよく、液の色も濁らず味も上々です。

　掘り立てのラッキョウを半日ほど日に干して漬けると甘味が増します。

　この塩漬けラッキョウで作るのがラッキョウサラダです。

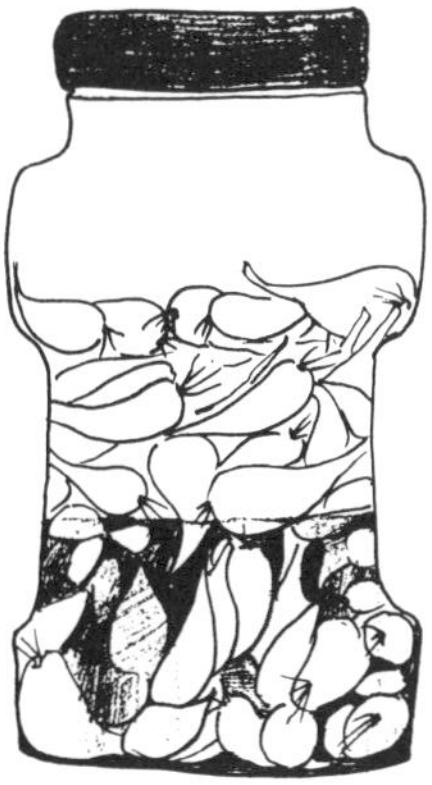

◆ラッキョウサラダ

材料　キュウリ二本、リンゴ半個、キャベツ一〇〇㌘、ニンジン五〇㌘、ラッキョウ漬け一〇〇㌘、塩、梅酢、しょうゆ。

作り方　キュウリは塩少々を振って板ずりし、長さ四㌢のせん切りにし、リンゴは薄切りにしておきます。

キャベツとニンジンは四㌢の長さのせん切りにし、ゴマ油で一緒にいためて塩味をつけます。

ラッキョウは薄い輪切りにします。

全部を混ぜ合わせて、梅酢としょうゆを混ぜた梅ポンズであえます。

梅酒・梅肉エキス

梅酒は、夏の暑い時期に食欲がなくなり消化力が弱まったときなどに、少量を薄めて飲めば元気が出てきます。江戸時代のあの厳しい封建制度の中でも、夏の暑い盛りは女性も飲むことを認められていました。家族全員の健康に役立つ薬用酒として、大変よい飲み物です。

梅酒も梅干しと同様に古いものほどよく、コクのある風味が楽しめる上に効きめもよいので、梅の実を入れたままで三年間は密封して保存したものを飲むようにするとよいでしょう。

砂糖やみりんを入れないので、一年目は梅の酸味が強くてとても飲めません。二年目になると酸味はやや落ち着きますが、渋みが出てきて飲みにくいです。三年目には渋みがかなり消えて甘みが出てきます。三年間たっぷり置くと味が調和してきますので、あと口のサッパリした梅酒が楽しめます。

十年間も保存すると実においしく、逸品になること請け合いです。砂糖を入れないので形も崩れません。上質のしょうちゅうを求めて作りましょう。

アルコールで作ったものはすべて適当量飲めば気分がはつらつとして、血のめぐりがよくなりますが、多く飲むと薬のはずがかえって毒になって肝臓を痛め、健康を損ねます。たしなむ程度にとどめましょう。

◆梅酒

材料　青梅一・五キロ、しょうちゅう（35度）一・八リットル。

作り方　ふたを密封できる広口瓶を容器にします。果実酒用に市販されているものを利用するとよいです。

きれいに洗った梅を一つ一つ丁寧にふいて容器の中に入れ、しょうちゅうを注ぎ、密封して冷暗所に置いて保存します。

◆梅肉エキス

梅肉エキスは解毒、殺菌作用が著しく優れていて即効性があるので、食あたりや下痢や胸やけや、胃腸の調子の悪いときなどによく効きます。

梅肉エキスは梅干しよりもはるかによく効き、塩分を全く含まないので、塩分を制限されている人でも安心して飲むことができます。また夏の暑いとき、冷たい水で薄めて飲むとスカット・ドリンクになります。

用意するもの　青梅二キロ、陶製おろし器、土なべ（ゆきひら）、どんぶり、木綿の袋、木しゃもじ。

作り方　青梅は、粒の大小にこだわる必要はありません。

青梅をおろし器ですりおろし、木綿の袋に入れて汁をしっかり搾り出し、その汁をゆきひらに入れて弱火で煮詰めます。

木しゃもじでよく混ぜ、煮詰まってきてドロリとなったらしゃもじですくってみて、すーっと一本糸をひくようになってきたら火を止めます。

青梅一キロからわずか二〇グラムくらいしか取れませんので、青梅が手に入るとき頑張って作っておくとよいです。

梅肉エキスは貴重な常備薬です。

梅干し

梅干しは日本人の作り出した傑作で、伝統的な保存食品です。その薬効の偉大さは古くから知られ、「梅は神様だ」という人もあります。

梅干しの殺菌作用、消炎作用、浄血作用、解熱作用など多方面にわたる効能から、常備万能薬だといえます。食あたり、腹痛、つわり、風邪、慢性病には食べ、虫さされ、やけど、頭痛などには梅の肉を貼ります。梅干しはそれ自身で立派な食品ですが、梅酢や一緒に漬けたシソもいろいろに利用され、多彩な料理を生み出しています。

「梅干しと友人は古いほどよい」ということわざがあるように、梅干しは古いほど値打ちがあります。今残っている日本一古い梅干しは百二十年前のもので、滋賀県彦根市の民家で見つかり、食べてみるとさすがに酸味はなく、幾分甘味を感じさせる丸味のある味だそうです。

梅干しは土用干しが済めばその年に漬けた梅干しでも食べられますが、できれば三年以上保存した梅干しを食べるようにしたいものです。

梅干しを一つ入れた日の丸弁当、真ん中に入れたむすび、梅干しを添えた重湯など、いざというときは玄米と梅干しさえあればやっていけます。

防腐作用があるので、夏には梅干し一個を入れてご飯を炊くと日持ちがよく、酸っぱさは消えて甘味を増しているのは不思議です。

◆梅干し

材料　梅（少し黄ばんだもの）一キロ、塩（ニガリを含む）三五〇～四〇〇グラム、シソ二〇〇グラム。
作り方　梅は日本産、塩はニガリを含むものに限ります。梅の実は少し黄ばむ程度に木で熟れた粒ぞろいのものを選び、竹ぐしでへたを取り、洗って水を切ります。容器は陶製のカメか広口瓶がよいです。
　分量の塩の中から三分の一くらいを取っておき、あとの塩で作業します。底に塩を振り、梅を塩でまぶすようにして入れていきます。上になるほど塩の量を多くしていき、最後に取っておいた塩でふたをします。二、三日すると水が上がってくるので、シソが出回るまで涼しい所に置きます。

チリメンジソの葉と茎の軟らかい所とを一緒に塩でよくもみ、赤黒い汁をシュッと絞って捨てます。絞りすぎないようにします。

入れるとき、よくほぐして梅酢で完全にぬれるようにして梅の上に入れ、七月の土用がくるまで置きます。

土用に入り、晴天が続くのを見定めて三日三晩の土用干しをします。平らなザルかスダレの上に一粒一粒並べて干し、時々裏返します。シソも干し、カメの梅酢も日に当てると色がよくなります。雨に遭わせないように、気をつけねばなりません。

三日三晩以上干したら、梅もシソも元の梅酢に戻し、ふたをして涼しい所に置きます。翌年の土用に再び梅を取り出し、一日ほど干します。乾いた容器に梅干しだけを入れてふたをし、保存します。梅酢は瓶などに入れておき、酢のものや梅酢あえなどに使います。シソはよく乾かして手でもみ、粉末にするとふりかけが出来ます。

一〇キロの梅から一・八リットルくらいの梅酢が取れます。

食べる量によって違いますが、五人家族で一年間に大体青梅で一〇キロから二〇キロ必要です。**最初の年三年分作り、次の年二年分作り、以後毎年作ると、三年目以後からは毎年三年物が食べられます。**

梅雨期の腐敗対策

うっとうしい梅雨期にはカビが生えて往生します。食物に付いて腐敗させるだけでなく、悪質な腐敗産物を生じる食中毒菌類も多くあります。

梅雨期の多湿と気温は細菌の繁殖に格好の条件で、この時期には、熱を加えて調理したものでも冷めて室温でそのまま保存出来るのは十六〜二十時間くらいで、密封するとかえって腐敗が早く進みます。酢を使っても、二十四時間が限度です。特に海や山に持って行くお弁当は、四〜五時間以内に食べるのが安全です。

食中毒の原因には、細菌性のものと、化学薬品と、自然毒によるものがあります。細菌による場合、魚介類とその加工品による発生が多く、海水中の細菌が付着していたり、細菌の作用でタンパク質が分解されるときに出来る中毒物質（カビ毒）によって起こります。

豆類とその加工品は変質しやすいので注意が必要です。

台所を預かる主婦は、衛生面に注意して食中毒を起こさないよう調理しましょう。まな板や食器やふきんなどは熱湯処理がよく、まな板のぬめりは塩をつけてこすると取れます。

食事の材料は新鮮なものを求め、主食も副食も余分に作らないよう心掛けます。冷蔵庫は低温にして細菌の活動を鈍らせているだけですし、意外に細菌の巣になりやすいので過信してはいけません。

酢を使った料理は保存期間をある程度延長さす防腐作用はありますが、食品に用いる程度の濃度では殺菌作用は望めません。塩も浸透圧の作用で細菌を脱水状態にして発育を防ぐもので、殺菌作用はありません。

玄米ご飯を炊くときは、梅干し一個か梅酢を少し入れると多少長持ちします。おかずは水分を少なめにし、カラリと仕上げるように工夫します。てんぷらやつくだ煮風や無水煮などが良く、梅干しを使った梅肉あえや梅酢サラダもよいです。生食はなるべくしないで、火を通したものを食べるようにします。

昔、三重県で起きた毒ブドウ酒事件で死を免れた一人は、ふだんから食生活に気をつけていた人で、飲んだ酒を全部吐いたということです。これは本能の働きです。中毒すると吐いたり、腹痛や下痢が起きて毒を早く体外に出そうとしますが、それを薬で止めるのは愚かなことです。

もし食中毒になったら、梅干しを一個かじって呑んで一刻も早く毒を体外に出したあと、梅干しと玄米の重湯かおかゆを食べて安静にするのがよいです。食中毒になりそうな食物には、なんとなく生き生きとした生命力を感じないものです。

食養料理のねらいはこの本能を強くし、勘を鋭くして、未然に不幸から逃れるような人間になることなのです。

七夕の供え物

梅雨の晴れ間の澄んだ夜空を仰ぐと、天頂よりやや東よりの空に天の川が南北に流れ、東側に牽牛（けんぎゅう）星（ワシ座のアルタイル）、西側に織女（しょくじょ）星（こと座のベガ）が一段と強く光り、幅広い天の川の真ん中を北寄りに大きく羽を広げた白鳥座のデネブが光っています。この三つの明るい星が、「夏の大三角」です。

私は幼いころ、織り姫がたくさんのカササギが渡す橋を通って牽牛の所に会いに行くのを、今か今かと眺めて待ったことがありました。ササ竹に、色とりどりの短冊に願いごとを書いてつり下げるのも、楽しい思い出です。

七夕祭りには、冷や麦やそうめんを供える風習があります。

◆七夕そうめん

材料　そうめん二束、ニンジン一本、キュウリ一本。

ゴマだれ＝白ゴマと白ゴマバター各大さじ一、麦みそ大さじ四、しょうゆ大さじ三、昆布だし汁一・五カップ。

薬味＝青ジソ五枚、ネギ一本、ショウガ一片。

作り方　そうめんをたっぷりの湯でゆがき、水で洗って冷やします。麦みそ、しょうゆ、白ゴマバターを一緒にすり鉢に入れてすりつぶし、だし汁を加えてのばし、好みの塩加減に調味します。これに半ずりの白ゴマを加えてたれを作ります。

ニンジンは塩ゆでして薄い星形に切り、キュウリも板ずりして星形にします。

涼しそうなガラスの器にそうめんを天の川に見立てて盛り付け、ニンジンとキュウリの星をちりばめます。

細切りの青ジソ、小口切りのネギ、すりおろしたショウガを薬味に、ゴマだれをつけていただきます。

◆梅肉サラダ

材料　クズ切り九〇㌘、ニンジン三〇㌘、タマネギ八〇㌘、ツユ豆六〇㌘、白ゴマ大さじ一、梅干し一、二個、ゴマ油小さじ一、リンゴ、オレンジ、パセリ、塩、しょうゆ、梅酢各少々。

作り方　クズ切りは水にもどし、柔らかくゆがいて水洗いし、五㌢長さに切ってしょうゆ少々をまぶしておきます。

なべに油を熱し、ツユ豆、タマネギ、ニンジンの順に重ねて入れ、隠し塩を振ってふたをし、中火で蒸し煮します。色よく、煮過ぎないようにし、最後にふたをとっていためて冷まします。梅干しの種を除き、梅酢少量を加えて梅肉をよくすりつぶし、いためた野菜を加えてあえます。味の薄いときはしょうゆで味を調えます。

器にクズ切りを盛り、上に野菜を彩りよく盛り合わせ、オレンジやリンゴ、パセリを美しく飾りつけます。

麦

パン食が増えて麦の需要が多くなったのに、麦を作る人は少なく、そのほとんどを外国産の輸入に頼っている現状です。日本で発達したうどんには、日本産の小麦が最も適していますのに、残念なことです。

穀物の中で、米やキビやヒエやアワが体を温めるのに対し、麦は陰性で体を冷やす性質があります。暑い季節に麦を原料とするめん類やハッタイ粉や麦ご飯がおいしく、喜ばれるわけです。体質が陽性になり過ぎた人には麦ご飯がよいです。

◆麦入り玄米ご飯

材料　玄米カップ三、丸麦カップ半、塩小さじ半、水カップ四弱。

作り方　圧力なべに洗った丸麦、その上に玄米を重ねて入れ

ます。そっと水を入れ、塩を加えてふたをし、火にかけます。沸騰したら三十分間弱火にして火を止め、二十分間蒸らして圧力を抜きふたを開けます。上下よく混ぜ合わせます。丸麦の代わりに押し麦を使う場合は、麦を少し多くして一カップにします。麦ご飯は、三角むすびにしてゴマ油でこんがり表面を焼くと香ばしくなり、食欲をそそります。

◆押し麦スープ

材料　押し麦カップ半、麦みそ八〇グラム、ゴボウ二〇グラム、ニンジン三〇グラム、油揚げ二〇グラム、ダイコン五〇グラム、里芋八〇グラム、昆布五センチ角一枚、ネギ一本。

作り方　なべに昆布を敷き、イチョウ切りのダイコン、角切りの里芋、せん切りの油揚げ、イチョウ切りのニンジン、ささがきのゴボウ、水に浸しておいた押し麦、麦みその順に重ねて入れ、ひたひたになるくらいの水を注いで強火にかけます。沸騰したら弱火にし、柔らかく煮えたところに水か湯を加え、再び沸騰したら好みの味に調えてネギを散らします。

◆煮込みうどん（手打ち）

材料　小麦粉五〇〇グラム、ゴマ油、塩各少々、長ネギ二本、油揚げ三枚、昆布二〇センチ、シイタケ二枚、ミツバ少々。

作り方　小麦粉に塩と油を加え、水を入れてよくこねます。一つにまとまるようになったらぬれぶきんをかけ、三十分間ねかせます。粉を振った平皿に直径二センチ大の玉に丸めて並べ、さらに十分間ぬれぶきんをかけてねかせます。

昆布とシイタケのだし汁にしょうゆ味をつけて煮立てます。先のだんごの中央に両手の指先で穴をあけ、そのまま横に長く引き延ばすとうどんになります。これを汁の中にどんどん入れ、シコシコした歯触りになるまで煮込みます。あまりかき混ぜないよう、汁を濁らせないようにし、油揚げやネギを加えて出来上がりです。

うどんの形は不ぞろいですが、手作りならではの味がします。形をそろえたい場合は、小麦粉を耳たぶくらいの固さによくこね、ぬれぶきんをかけて三十分ねかせたのを六ミリくらいの厚さに延ばし、折り畳んで小口から切っていくとよいでしょう。

おやつ

蒸しかえす暑い夏には、体を冷やす陰性の果物や芋類、葉野菜が出回ります。これは自然の法則であり、恵みです。夏を涼しく過ごす方法は陰性の食物を適度に食べることです。度を過ごすと秋から冬に体が寒く、冷え症になります。

特に南国から輸入した果物類は陰性の度が強過ぎます。身土不二《しんどふじ》の原則＝生活している場所に取れる食べもの、その季節に出来る食べもので体を養うこと＝を守って、日本産のものを食べるようにする方がよいのです。

汗を流しながら遊びに夢中の、成長盛りの子供たちには有害な添加物の入らない、手作りのおやつや飲み物を作りましょう。水分の取り過ぎは体を弱らせ、かえって暑く感じます。

◆冷やしスイカ

冷やしたスイカに塩（ニガリ含有）を少量つけて食べます。

◆リンゴゼリー

リンゴを細かく切って煮、裏ごしして、寒天一本を二カップの水で煮て溶かした中に混ぜ、煮詰めて冷やします。

◆梅肉ジュース

小豆大の梅肉エキスをグラス一杯の冷たい水に溶かし、少量のハチミツを入れます。

◆みつ豆

寒天一本と二カップの水に数滴の梅酢を入れて煮、流し箱で冷やしてサイコロ大に切ります。リンゴ、モモ、ナシ、ハッサク、スイカなど好みの果物を小さく切って合わせ、赤エンドウを塩味で煮て少し混ぜます。ガラス器に盛り合わせ、黒砂糖を同量の水で溶いて煮立てた黒みつを少しかけます。黒砂糖でも体にはよくないので、量に注意しましょう。

◆トコロテン

テングサ三〇㌘を水二・五カップに浸し、梅酢を数滴入れて半分くらいに煮詰め、ザルでこします。バットに入れて冷やして固め、トコロテン突きで突き、ショウガじょうゆ、ゴマじょうゆなどにひたして食べます。

◆水ようかん

小豆五〇〇㌘を煮て塩味をつけ、干しブドウ三〇㌘をみじん切りにして小豆の煮汁に混ぜ、ドロドロにします。寒天一本を水二カップに塩少々を入れて煮溶かし、少し煮詰めてから小豆を混ぜ、五十度くらいまで冷まし、流し箱で固めます。好みの型に抜いて楽しみましょう。

◆くず桜

小豆を柔らかく煮て塩味をつけ、蒸し焼きしたサツマ芋と一緒につぶしてよく練り、丸めてだんごを作ります。クズ粉を三倍の水に溶いて塩少々を入れて煮ます。力を入れてよく混ぜます。プリンカップにだんごを入れ、上からクズを流し入れ、固まったら取り出し、桜の葉の塩漬けで包みます。よく冷やして葉ごと食べます。

◆ベークド・アップル

底まで穴をあけないようにしてリンゴのしんをくり抜き、薄い塩味をつけた白ゴマバターを穴に詰め、アルミホイルに包んで、天火で二十分ほど焼きます。裏ごししたカボチャ、干しブドウ、ピーナツバターなどを入れてもおいしいです。冷やして食べます。

◆玄米茶・麦茶

玄米や麦をキツネ色になるまでいって焦がしたものをせんじ、冷たくして飲みます。せんじたカスは、小麦粉に混ぜてお焼にします。

◆梅じょうちゅう

青梅をしょうちゅうに入れて三年以上置いたものを、水で適当に薄めて飲みます。食欲増進になります。

野外に出るとき

夏休みは、海や山に出かけて思いっきり自然にとけ込むよいチャンスです。自然から遠ざかった生活を余儀なくされている人や子供たちは、のびのびと体を動かし鍛えてほしいものです。

ピクニックに持って行くお弁当はできるだけ簡単にし、いたみにくいものにしましょう。わが家では梅干しの肉を入れた玄米のりむすび、きんぴらごぼう、ノリのつくだ煮、古漬けたくわんをハランに包み、別にごま塩としょうゆを少し小瓶に用意し、番茶をせんじて持って行きます。別にショウガを少々用意していきますが、このようなお弁当が思いがけず、けがをしたり、虫に刺されたり、また疲労して貧血ぎみになったときの応急手当てに役立ってきました。

◆梅干し入り玄米むすび

玄米むすびは、玄米一カップを炊いて四個の大きさににぎります。手に塩をつける代わりに梅漬けの梅酢を手につけ、玄米ご飯をのせ、梅干しを入れて固くギュッ、ギュッと三角ににぎり、板ノリを横に四等分して巻きつけます。

梅干しの酢を水で薄めて玄米ご飯に少量振り混ぜておいてむすびにしてもよいです。

◆番茶

茶の木の茎も葉も一緒に摘んで蒸し、からからに干して香ばしくいった番茶を水から入れてせんじると、冷めてもあまり味が変わらず養分も濃いお茶になります。

以前ピクニックに行き、川に捨てられたガラスで足を深く切った子供を見かけ、ヨモギの葉とむすびの中の梅干しを出して混ぜ、よくもんでつけて出血を止めたことがあります。ヨモギは止血に効果があります。

またヤブカやブヨやハチに刺され、痛いやらかゆいやらで大変な目に遭うことがありますが、ネギの切り口をこすりつけると痛みは次第に取れます。「泣きつらにハチ」というのは本当で、子供が泣いているとハチが飛んで来て刺すことがあります。よく泣く子は体質が陰性で、血が甘くて水っぽいからでしょう。日ごろ甘いものや果物をたくさん食べている人の方を蚊はよ

く刺し、またはれ方もひどいようです。蚊にとってきっとおいしい食べ物なのでしょう。虫に好かれないよう日ごろから食養的生活をしておくと、刺されてもあまりかゆくなく、はれません。

疲れたり貧血ぎみのときは、ショウガを少しすりおろし、むすびの中の梅干しを混ぜ、しょうゆを小さじ二杯くらい入れて煮出した熱い番茶をゆのみ一杯になるまで入れて飲むとよいです。

浅いすり傷や切り傷のときも、ショウガの絞り汁をつけてしばらくして汁をふきとると効果的です。

ゴマ塩は気分が悪くなったり、けがをしたり、疲労したとき、おなかの調子が悪くなったときなどに少しなめるとよいです。

また日やけしすぎて皮膚が痛くなったときは、モモの葉のおふろに入るか、モモの葉を濃いめにせんじた汁でなでるとよいです。あせもなどに大変効果があります。

夏の野草

踏まれてもひかれても、連日のカンカン照りの中でもシャンとして元気に生えているのが夏の野草です。厳しい自然の環境の中で、立派に育っています。

耕したり、肥料をまいたり、温室を作ったりの世話をしてもらわず、品種改良もしないで自然のままです。生まれつきの強い生命力の秘密がここにあります。

昨年の夏、近所の公園予定地の一隅でアカザやイヌビユを見つけ、通りがかりには摘んでいました。秋までは楽しめると思っていましたら、ある日の夕方、草むら全体が茶褐色になっていました。草むらの虫も全滅しました。除草剤がまかれたのです。

食糧難の時には野草は最後のよりどころなのに、このようなことをしていたらどうなることでしょうか。私は、野草を最も質がよい青物と思って大切にしていますのに残念です。

◆イヌビユのゴマあえ

柔らかい葉を塩一つまみ入れた熱湯でゆがきます。細かく刻み、いった白ゴマを半ずりにして、しょうゆを加え、あえます。

おひたし、油いため、汁の実に。癖がなく、どんな料理にも向きます。

◆アカザのつくだ煮

アカザの葉を細かく刻み、ゴマ油でいためてしょうゆを多めに入れ、やや強火にして汁気がなくなるまで煮ます。ゴマあえ、おひたしによく、実のつくだ煮もおいしいです。

◆カキドウシのてんぷら

丸いかわいい葉は独特の香りがあります。葉の片側にだけ衣をつけて揚げます。

◆オオバコのみそ汁

毎朝のみそ汁の実にオオバコを細かく刻み、ゴマ油でいためてタマネギ、ワカメなどと一緒に具にします。

てんぷら、油いため、つくだ煮などにも出来ます。オオバコは漢方薬と

オオバコ

カキドウシ

アカザ

イヌビユ

しても有名です。

◆スベリヒユのみそあえ

葉や柔らかい茎をゆでてしばらく水にさらし、酢みそであえます。ぬめりとほどよい酸味が味わえます。

からしあえ、ゴマあえにも合います。

◆タンポポの根のきんぴら

タンポポの根をささがきにしてゴマ油でゆっくりいため、しょうゆ味をつけます。

葉はてんぷら、おひたし、サラダ、つくだ煮などに。つぼみや花もてんぷらにします。

◆ドクダミのお茶

ドクダミに触ると手についたにおいは当分消えません。

根元から採集し、天日に干して保存し、お茶にせんじて飲みます。胎毒

ドクダミ

タンポポ

スベリヒユ

を下し、浄血の効能があります。

生の葉は、化のうしているところにつけると吸い出しになります。また、生の葉をアルミホイルに包んで蒸し焼きするとドロドロになります。これを布にのばして患部に貼ってもよいです。葉は、衣をつけててんぷらにすると臭みは消え、味はよいです。

◆クコ茶

伸び切っているクコを茎ごと切り取り、二㌢長さに切って葉も茎も一緒に天日で乾燥して保存し、お茶にします。先端の若い葉は、みそ汁の青みに利用するとよいです。

夏野菜

夏野菜には体を冷やす性質のものが多く、代表的なものにウリ類（キュウリ、ウリ、メロン、スイカ）やナス類（ナス、トマト、ピーマン）などがあります。しかし、いくら季節のものでも、多く取り過ぎると秋や冬に体が順応しにくくなりますので気をつけましょう。

食養料理は季節にうまく順応し、夏は涼しく、冬は温かく過ごすことが出来、病気を未然に防ぐことが出来ます。

◆コーン入りむすび

トウモロコシ半カップと玄米二・五カップを圧力なべに入れ、塩小さじ半杯と水三・五カップを加えて火にかけます。沸騰したら二十五分間弱火にして火を止め、二十分間蒸らします。

出来上がったご飯に梅漬けの赤ジソ少々を、みじん切りにして混ぜ、

俵むすびを作って青ジソの葉で巻きます。

◆そばサラダ

材料 ニンジン二〇㌘、タマネギ一二〇㌘、キクラゲ二枚、ゴマ油小さじ一、キュウリ八〇㌘、干しユバ二枚、糸そば一〇〇㌘、青ジソの葉数枚。

ドレッシング＝梅酢大さじ半、しょうゆ、白ゴマ各大さじ一、ゴマ油小さじ一。

作り方 なべに油を熱し、なべの底からせん切りのキクラゲ、クシ切りのタマネギ、せん切りのニンジンの順に重ねて入れ、塩を振って中火にかけてふたをします。湯気が出てきたらふたをとり、強火にしてさっといため、冷ましておきます。

キュリは板ずりにし、ニンジンに合わせてせん切りにします。ユバは水に湿らせてせん切りにし、油でからいりします。青ジソはせん切り、糸そばはゆでて冷やしておきます。

いためた野菜とキュウリをドレッシングであえた後、そばを加え、涼しげなガラス鉢に盛って青ジソ、ユバを飾り、いって粗みじんにした白ゴマを振りかけます。

◆ナスのしぎ揚げ煮

材料 ナス四本、ひしおみそ大さじ三、ゴマバター大さじ一。

作り方　ナスは縦二つに切り、表面に亀の甲の模様のように浅く包丁目を入れて油で揚げ、昆布とシイタケのだし汁で軟らかくなるまで煮ます。
ひしおみそとゴマバターを合わせてよくすり、ナスに加えて煮含めます。

◆カボチャコロッケ

カボチャを蒸し、甘みを引き立たせるくらいに塩味をつけてつぶし、タマネギをみじん切りにして油でいため、塩味にしたのを混ぜて俵形むすびを作ります。

塩味を付けた水溶きの小麦粉をくぐらせ、パン粉をまぶして油でカラリと揚げます。

◆ロールキャベツ

さっと塩ゆでしたキャベツの葉を一枚一枚はがし、しんの厚いところは薄く削っておきます。

刻んだキャベツ、タマネギ、ニンジン、ゴボウ、グルテンを油いためして塩味を付け、水溶きの本くずを加えてからキャベツの葉で包みます。

なべに昆布を敷き、キャベツを並べて昆布だしを加え、塩としょうゆで味を付けて煮込みます。器にキャベツをとり、残った煮汁に水溶きの本くずを加えてひと煮立ちさせ、キャベツにかけます。

◆トマトとオクラの酢の物

薄く小口切りしたオクラと角切りのトマト、クシ切りのタマネギ、梅干しの種を取って粗みじんに切った梅肉をさっと油いためし、刻んだキュウリとワカメを混ぜ、梅酢であえます。

海草

海水浴に行って、浅瀬や砂浜でちぎれた細長いひものような海草が体にまつわりついたことがあるでしょう。この海草は「リュウグウノオトヒメノモトユイノキリハズシ」といい、海草の中で一番長い名前です。

助けたカメに連れられて竜宮城に行った浦島太郎は、黒く長い髪をした若くて美しい乙姫さまに手厚いもてなしを受けます。夢心地でほんのしばらく滞在し、陸上に帰ってみると思いがけず長い年月がたっていました。海の底の一日は陸の百年にも相当するのでしょう。だから海草も魚も大きくはなりますが、年をとらないようです。

海草は食用としても薬用としても重要なものです。今日、私たちの食卓にのぼる海草は万葉の時代と少しも変わってい

ません。暖流と寒流とがぶつかり合う海に囲まれた日本は、多種類の海草を多量に産し、世界で最もよく利用している国です。

海草は栄養分が豊富で、そのうえ海水に含まれているごくわずかなミネラル、特にヨードなどを濃縮して多量に含み、貴重な供給源です、それらは生命にとって、ごく微量でよいが、絶対に必要なものです。

海草は塩気（陽性）の強い、動いている海（陽性）の中に生えるので陰性なものといえます。陰性な海草でも細かく比較すると陰・陽の差があります。コンブなどの普通の海草は二十㍍までの深さに生えていて、深いところに生えているものは浅いところに生えているものよりより陰性です。

海草には北の寒い海の底にしか生えないコンブや波の荒いいそに取りついているヒジキなど、大変たくさんの種類があります。海草は海の菜で、陸の野草にあたります。陸の植物が持っていない成分を持っていて、私たちの健康を保つのになくてはならない食物です。毎日少しずつ欠かさずに食べましょう。

◆**昆布のつくだ煮**

昆布を食べると髪が黒くなるといわれます。ヨードの含有量は海草の中で最も多く、ミネラルも豊富です。昆布のだしは上品な味で、日本料理には欠かせませんし、「喜ぶ」に通じて慶事の料理につきものです。

板昆布を二㌢角に切り、水から煮立て、軟らかくなるまでとろ火で煮て、塩としょうゆで濃いめに味をつけ、汁気がなくなるまで煮ます。

昆布は他の海草に比べて陰性ですからニシンやサケの頭、ゴボウ、ニンジンなどの陽性なものをしんにして昆布を巻き、かんぴょうで結んで煮た昆布巻きは陰陽調和のよい料理です。昆布と小豆を一緒に煮ると両方とも早く煮えるのもこの原理です。

◆ヒジキレンコン

ヒジキは東北北部から九州南岸まで分布している日本の特産物です。冬から春にかけて繁茂し、波が荒くのしかかるものほどよいという陽性な海草です。

レンコン三〇㌘を皮を取らずイチョウ形に薄く切り、ゴマ油でいためてなべの片隅に寄せます。火を弱めて、水にもどしたヒジキ三〇㌘を五㌢に切ってなべに入れ、いためたレンコンを上に置き、ふたをします。ふたから湯気がもれて出るようになったら静かに混ぜ、ヒジキの浸し水を数回に分けて差します。ヒジキが柔らかくなる前にしょうゆを少し入れ、煮えてから適量のしょうゆを加えて汁気がなくなるまでじっくり煮含めます。

陽性なヒジキは陰性な油揚げ、コンニャク、大豆、タケノコなどと一緒に煮ると調和が良いです。老化防止の薬として毎日少しずつ食べるとよく、体の組織を引き締めて弾力を与え、若返らせる働きがあります。

◆ノリのつくだ煮

生ノリはワサビじょうゆで食べたり、つくだ煮にします。

乾燥ノリは巻きずし、おにぎり、野菜のいそ巻きなど用途は広いです。古くなった、色も香りも悪いものでも捨てずに、てんぷらやつくだ煮にするとよいです。

手作りのお菓子

お店には、子供の目をひく美しいお菓子が数え切れないほどあります。好みにまかせて買い食いをする子供たちも大勢いるようですが、砂糖をたくさん使ったもの、刺激の強いもの、鮮やかに色づけしたもの、柔らかすぎるものは避けるよう教えたいものです。

家庭で作るお菓子は、味はあっさりしていて見かけも悪いかもしれませんが、安心してたっぷり食べられます。手近な材料を使って、健康的なお菓子を作ってみましょう。

◆果物のタルト

材料　タルトの皮＝小麦粉カップ四、ゴマ油大さじ三、シナモン小さじ一、塩少々。

リンゴ二個、モモ二個、干しブドウ大さじ三、くず粉

大さじ二、塩少々。

作り方　まずタルトの皮を作ります。材料全部をよく混ぜ、水を少しずつ入れながら耳たぶくらいの固さにこね、ぬれぶきんをかぶせて三十分くらいねかせます。タルト皿に油を塗り、皮を三ミリ厚さにのばしてのせます。

リンゴは四つ切りにして皮と芯を取り、塩水をくぐらせて小口から薄切りにします。モモは皮と種をとり、リンゴに合わせて薄く切ります。これをタルト皮の上にきれいに飾りつけ、アルミホイルをかぶせて中火のオーブンで約二十五分間焼きます。

くず粉を四倍の水で溶き、塩少々を加えて火にかけ、なめらかな液にします。みじんに刻んだ干しブドウを加えてよく混ぜ、焼き上げたケーキの上にかけて冷やします。

◆クレープのフルーツソースかけ

材料　クレープ＝そば粉カップ二、ゴマ油大さじ一、シナモン、塩各小さじ半。

リンゴ二個、干しブドウ大さじ三、ピーナッツバター大さじ一、くず大さじ二、オレンジ一個。

作り方　クレープから作ります。そば粉とゴマ油を混ぜた後、塩、シナモンを加え、水を少しずつ入れながら泡立て器でたたくようにして混ぜ、糸をひくようになめらかにします。

フライパンを熱して油をひき、水溶きしたそば粉を薄くのばし、焦がさないよう弱火で両面を焼きます。

リンゴの皮としんを取って小口切りにし、塩少々と水を加えて柔らかく煮、みじん切りの干しブドウ、水溶きしたくず粉、ピーナツバターを加えてなめらかになるまで煮ます。冷めてからオレンジの絞り汁を加え、焼き上がったクレープにかけて食べます。

◆うどん羊かん

材料　干しうどん一束、小豆カップ一。
作り方　うどんをゆでて水を切り、塩味をつけて煮た小豆と一緒にしてねばりが出るほど混ぜ、流し箱に入れて冷やし固めます。
羊かんのように切って食べますが、自然の甘味であと味がすっきりします。

夏バテのとき

夏休みも終わりに近づいて、二学期の準備に忙しくなった子どもたちは、夏の楽しい思い出を作品にしていることでしょう。夏バテしている人は、早く回復してほしいものです。

暑さにかまけて水分を取り過ぎると、秋から冬にかけて疲れやすくなったり、風邪をひいたりします。

外国でも、「飲み食いは適度にして医者を退けよ」とか「節制は最上の医術」といいます。夜更かしして夜食の癖のついている人は、「百人の医者を呼ぶより夜食をやめよ」という戒めに聞き従うことです。

火のよく通ったものをよくかみ、おかずを少なめにして、腹八分目に食べるようにするといつも元気です。

◆玄米クリーム

玄米一カップを洗って乾かし、キツネ色にいり、六、七倍の水で三、四時間弱火で煮込み、柔らかくなった米粒をすりばちですりつぶし、裏ごししてさらに煮て薄く塩味をつけます。こしたカスは粉と練ってお焼にします。

たいへんすぐれた食物で、流動食の病人にもよいです。赤ちゃんには玄米茶で薄めて与えます。

玄米茶はいり玄米を水から煮出しした飲み物です。塩を少し加えます。

◆**カボチャ・ポタージュ**

材料　カボチャ中一個、タマネギ中二個、ローリエ二枚、パセリ少々、小麦粉大さじ二、ゴマ油大さじ一、コショウ、食パン、ショウガ各少々。

作り方　みじん切りしたタマネギを油いためし、カボチャと一緒にトロ火で煮て塩味をつけ裏ごしします。これに水を加え、ローリエとパセリの軸を入れて火にかけます。小麦粉を油二、三滴で軽くいって冷やし、水で溶いて加え、さらに煮てとろみをつけ、コショウとショウガの絞り汁で味を調えます。パンを油で揚げたクルトンを浮かせ、パセリの葉のみじん切りを散らします。

◆ゴマ豆腐入りすまし汁

材料　白ゴマバター大さじ二、本くず大さじ三、水一・五カップ。

作り方　ゴマバターを水の中でよく溶き、本くずをよくといて混ぜ合わせ、火にかけてとろみが出てきたら弱火にして、こしが出るまでよく練り上げます。流し箱に移し、冷やし固めて適当な大きさに切ります。

昆布だし汁に塩としょうゆで味をつけ、汁わんにゴマ豆腐とキュウリの輪切りを入れ、だし汁を注ぎ、ショウガを一、二滴たらします。

◆もちきびスープ

材料　もちきび半カップ、タマネギ一〇〇㌘、キャベツ五〇㌘、ゴマ油大さじ一、昆布だし汁五カップ、青ノリかパセリ少々。

作り方　熱したなべに油を入れ、うすくクシ切りしたタマネギをすきとおるまでいためて、なべの片隅に寄せ、細切りしたキャベツを入れてタマネギを上にかぶせ、一緒にいためます。きびとだし汁を加え、柔らかくなるまで煮ます。時々混ぜてトロトロになったら塩味を二、三回に分けてつけ、青ノリかパセリのみじん切りを散らします。

◆キュウリのいんろうづけ

キュウリを割って中身を取っておきます。せん切りしたニンジン、ショウガ、ミョウガやサンショウの葉などをキャベツとシソの葉で巻きます。これをキュウリの間に入れ、細く切ったコンブで縛り、みそにつけ込んで冷たい所に保存します。

◆はったい粉

はったい粉を熱湯で練り、塩と少しの梅酢で味をつけます。

◆クレープ・ド・サラセン

ソバ粉とコムギ粉を三対二の割合で混ぜ、少しの塩と油を加えて水でとき、フライパンで両面を焼いて軟かい薄焼きを作ります。生のネギに塩をふったものや、せん切りしたキャベツやニンジンを油いためし、塩とからしで味つけしたものや、小豆あんを芯にして巻きます。この薄焼きを硬く焼くと、登山などに便利な携帯食にもなります。

◆ユーホー（そばまんじゅう）

小豆とカボチャを一緒に煮て塩味をつけ、干しブドウを入れてあんを作ります。ソバ粉に小麦粉を少し混ぜ、油と塩とシナモンを加えて水で硬めにこね、直径五㌢くらいの円板を二枚作ります。あんをはさみ、まわりをフォークの先でおさえて蒸します。天火で焼いてもよいです。

◆煮込みうどん（手打ち）　一〇〇ページ参照のこと。

◆ロールキャベツ　一一五ページ参照のこと。

秋

月見の宴に

九月九日は重陽の節句です。菊薫る季節なので菊の節句ともいわれ、久しい幸せと長寿を願うものです。中国の伝説に、菊の露を飲み続けて八百歳以上の超長寿を保ち、顔も姿も少年のようだった仙人の話がありますが、重陽の節句の前日に菊の花を真綿で覆い、翌朝、露を含み、菊の香りがほんのり移ったその真綿で顔をふくと老化を防ぐといわれています。試してみてはどうでしょう。

そして次の満月は中秋の名月で、「月々に　月見る月は多けれど　月見る月はこの月の月」と詠まれているほどの月です。月見だんご、エダ豆、きぬかつぎなどを作り、秋の七草も添えてお供えしましょう。

◆菊ご飯

一般に黄色の花が食用とされていますが苦みのない、香りのよいものです。市販されている「食用干し菊」を使うと便利です。

食用菊の花びらだけをとり、熱湯に白梅酢を少量加えた中でさっとゆがき、レモンの絞り汁にしょうゆを加えて菊の花びらをあえます。玄米ご飯を俵形にむすび、軽く水気を絞った花びらをまぶしつけます。菊の葉を添えて盛り付けます。

◆菊花揚げ

菊の花と葉を、塩味をつけた衣をまぶして油で揚げます。ダイコンおろしを添えましょう。

◆菊の吸い物

昆布のだし汁に塩としょうゆで味をつけ、角切りした豆腐、塩ゆでしたツユ豆とさっと熱湯をくぐらせた菊の花びらを浮かします。

◆月見だんご

材料　もち玄米粉カップ一、玄米粉カップ一、熱湯カップ一、塩小さじ一。

作り方　粉と塩を混ぜ、熱湯で耳たぶくらいの固さにこ

ねてピンポン玉大に丸め、熱湯でゆでます。

ちょっと火にあぶり、焼きめをつけてしょうゆをぬります。ゴマバターとしょうゆを同量混ぜ合わせ、水で適当に薄めたゴマじょうゆをつけてもおいしいです。

◆きぬかつぎ

里芋をきれいに洗い、胴回りの皮に包丁目を入れ、塩少々を取って蒸します。蒸し上がったところで塩を振り足します。上部の皮をつまむと、皮がすぽっと取れます。

◆蒸しグリ

圧力なべの底にカップ一杯の水を入れ、サナを置いてクリを入れ、塩を振りかけてからふたをし、火にかけます。

沸騰したら二十分間弱火にして火を切り、十分間むらして残った蒸気を抜き、ふたをとります。

◆エダ豆の塩ゆで

エダ豆の枝つきの方をハサミで少し切り、すり鉢に入れて塩を振り、とぐようにしてもんでうぶ毛をとります。熱湯で色よくゆでてざるに打ちあげ、塩を振り足して冷まします。

敬老の日に

お年寄りの長寿を祝う敬老の日には、お年寄りを人生の先輩として家族そろって祝って上げましょう。

明治、大正、昭和の始めまでは、食生活に日本の伝統がいくらかでも残っていたので、食品に多少の添加物は入っていたにしろ、今日ほど多種多様ではなかったので、お年寄りは若い時代に食養的生活で身体を養ってきておられます。

現代では病人がますます増えて、幼児や小学生まで成人病にかかる始末です。これでは、とうてい健康で長生きは望めません。お年寄りが若い時代にどんな食生活をして過ごしてこられたのか尋ねてみて、今日の食生活を見直し、勉強させていただきましょう。

◆そばずし

材料　干しそば一束、ニンジン一本、キュウリ二本、ノリ四枚。

作り方　干しそばはゆでて水をかけ、冷やします。巻きすの上に板ノリをのせ、ゆでたそばを薄く広げ、まん中に一㌢角に細長く切って無水煮して塩味をつけたニンジンと、塩を振って板ずりして細長く切ったキュウリを置き、ぐるぐると巻いて一口大に切ります。昆布だしとしょうゆを半々に混ぜてひと煮立ちさせたものを冷やして、つけ汁にします。

◆高野サンド

材料　高野豆腐四枚、ニンジン三本、ノリ二枚、小麦粉、塩、昆布だし、揚げ油。

作り方　吸い物より少し濃いめのだし汁で高野豆腐と四㍉の厚さに縦切りしたニンジンを煮込みます。高野豆腐を両方の手のひらで抑えて余分な汁気を出し、半分に切り、さらに薄く二枚にしてニンジンを挟み、ノリでぐるりと巻いて端に水溶きした小麦粉をつけます。ナタネ油で揚げ、切り口を美しく切ります。ノリを巻きつけ全体に衣をつけて揚げてもよいです。

◆トウガンのくず煮

材料　トウガン五〇〇㌘、ニンジン一〇〇㌘、干しシイタケ二枚、インゲン一〇〇㌘、しょうゆ大さじ三、ゴマ油小さじ一、吉野くず大さじ二。

作り方 シイタケを五カップのぬるま湯にもどして放射状に切り、トウガンは皮と種を取り除いて二㌢の角切り、ニンジンも二㌢の角切りにします。

シイタケ、トウガン、ニンジンを一緒にゴマ油でいため、だし汁を加えて柔らかく煮ます。くずを同量の水で溶いて入れ、しょうゆ味をつけ、塩ゆでしたインゲンを加えます。

◆ゆばあんかけ

材料 巻きゆば五個、ニンジン一本、シイタケ三枚、ミツバ、昆布だし七カップ、くず大さじ三、塩、しょうゆ。

作り方 昆布とシイタケのだし汁に塩としょうゆで味をつけ、水溶きしたくずを入れてとろみをつけます。

水でもどしたシイタケと花形に切ったニンジンをしょうゆ味で煮ます。茶わんにゆば、シイタケ、ニンジン、ミツバを入れてくずあんをかけ、ユズの皮を飾り切りして添えます。

麦みそ造り

みそは、大豆をそのまま食べたのでは消化しにくいので、カビを用いて非常に消化しやすい形にした日本独特の食品です。つまり、仕込んでから長期間熟成している間に、食べたものをおなかの中で消化するのと同じことをみそだるの中でこうじカビにさせているのです。

みそは塩の割合で熟成期間が違い、塩が多ければ長くかかり、少なければ早く出来ます。また塩が多くなるほど長く保存出来ます。塩を多めにしたみそを早く食べることは、十分熟成していないのでよくないのです。

昔はそれぞれの家で造ったみそを「手前のみそは…」と、自慢し合いました。そしてみそ造りは、主婦の大事な仕事の一つでした。

同じ材料でも、ちょっとした条件の違いでみその味が異なります。出来、不出来は別にしても、毎日欠かすことのできないみそですから、自分で造るようにしましょう。

できるだけ国内産の麦と大豆を使い、塩はニガリ入りを使用しましょう。

◆麦みそ

材料　麦（大麦）十カップ、大豆十カップ、塩四カップ、種こうじ一袋。

作り方　三分づきの麦を二倍以上の水に五、六時間浸し、水を切り、蒸し器で蒸してもろぶたなどに広げ、三五度くらいに冷まして種こうじを振りかけ、混ぜ合わせたのちにゴミや雑菌が入らないようにふたをします。

全体をポリエチレンの袋などでくるんで、さらに毛布や布団などをかぶせて保温します。種こうじをつけて約十時間後に全体を混ぜかえし、以後はそのままにしておくと、こうじカビが繁殖して白い綿毛のような感じになります。

時々温度を調べ、三五度前後を保つようにします。温度が上がるとこうじ菌の繁殖力が弱まるし、下がると雑菌が繁殖して酸っぱくなります。

二、三日して全体が白くなり麦こうじが出来ると、分量の塩を混ぜ合わせて「塩切りこうじ」を作ります。

麦こうじが出来かかったら大豆を三倍の水に五、六時間浸しておき、圧力なべを使って蒸し煮します。圧力なべの底に

サナを置いて大豆を控えめに入れ、浸し水を一緒に入れます。沸騰したらすぐ火を弱めます。もし、ふたのおもりの所から汁が吹きでるのが止まらないようだったらすぐ火を止め、二十分間くらい放置してから蒸気を完全に抜き、ふたをあけます。

煮えた豆をつきつぶし、煮汁を加えて体温くらいに冷まし、塩切りこうじを入れてよく混ぜ合わせ、かめか桶に、空気をはさまないようにして仕込みます。たたきつけるようにして入れるとよいです。みその表面にラップなどをぴったりと張り付け、ぴっちりとふたをしてさらに目張りをし、雑菌や虫の侵入を防ぎます。

日陰の涼しい場所に置いて、一年間はたっぷり熟成させてのちに食べるようにします。三年間もおいたら、風味は抜群になります。

おかずみそ

みそを使った料理は栄養の消化吸収がよいので、工夫して毎日食卓へのせましょう。

鉄火みそは陽性な根菜類、ニンジン、ゴボウ、レンコンを用い、年期のはいった八丁みそを使って長時間火を入れるのでとても陽性な食べものです。毎日少しずつ食べると体が引き締まり、温まります。

また季節の材料を使ってユズみそ、木の芽みそ、フキノトウみそ、クルミみそ、ピーナツみそ、ゴマみそ、しぐれみそ、ネギみそ、梅みそなどいろいろの練りみそを工夫して作りましょう。ふろふきダイコンや揚げもの、あえもの、なべものなどに添えるとよいです。

◆鉄火みそ

材料 ゴボウ、ニンジン、レンコン各五〇㌘、ショウガ一五㌘、ゴマ油一五〇cc、八丁みそ五〇〇㌘。

作り方 ゴボウもレンコンもニンジンも別々に、顆粒状になるまで刻み、それぞれ混ざらないように別々の器に取っておきます。

厚手の無水なべに大さじ三の油を入れて熱し、ニンジンを入れ、次にゴボウを入れ、最後にレンコンを重ねるように入れていため、弱火にします。みじん切りにしたものは早く火が通りますので、焦がさぬように注意します。

弱火を保ちながら八丁みそ（豆みそ）を野菜の上に置き、残りのゴマ油を全部入れてふたをします。しばらくするとみそが柔らかくなっているのでふたを取り、切るように混ぜながら気長にいためます。

みそが油を吸い込み、心もちしっとりとしてきたらショウガを入れて引き続いてしばらくいため、みそが焦げそうになったら火からおろしてパラパラになるまで混ぜます。

忙しい人は二、三日かけて作ると、一度にいためるよりかえって味に深みが増します。

鉄火みそは、一回の食事に小さじ一杯くらいが適量です。

とても生命力のある食品ですから、虚弱体質の改善に毎日少しずつ食べるとよいです。

◆しぐれみそ

材料　タマネギ二〇〇㌘、ニンジン、ゴボウ各五〇㌘、レンコン七〇㌘、ショウガ一〇㌘、ユズ皮五㌘、シソの葉三枚、シソの実少々、麦みそ三〇〇㌘、ゴマ油一五〇cc。

作り方　材料はすべてみじん切りにします。無水なべに大さじ二のゴマ油を熱し、ゴボウを入れて弱火にし、静かにいためます。ゴボウが甘いにおいになったらタマネギを加えていため、続いてニンジン、レンコンを重ねて入れ、麦みそを一カップの水でゆるめて加えます。

ふたをしてとろ火で、時々上下を混ぜ返しながら約一時間煮ます。ふたを取って混ぜながらショウガ、シソの葉、シソの実を加えて混ぜ、火を止め、最後にユズの皮を混ぜると出来上がりです。練りみそですから、鉄火みそほど長く火を通して仕上げる必要はありません。玄米ご飯にぬって食べたり、鉄火巻きにもよいです。

◆みそパスター

みそを少量の熱湯で練り、布に五㍉くらいの厚さにのばし、おへそをよけておなか全体に貼ります。上から蒸しタオルなどで温めますと、腸の痛みを取り去り、便も出やすくなります。

果物

果物は木の実ですからもともと木の上で生活する鳥やサルや虫の食べ物ですが、人間にもおいしいので大変喜ばれています。

果物は枝の先に実り、水分やカリウム分が非常に多く、ビタミンCも豊富です。味はほとんどが甘酸っぱいので、穀物や野菜に比べると大変陰性で、組織を緩め、体を冷やす性質がありま す。

昔から「イチジクやブドウなどのなりものの木を屋敷に植えると病人が絶えぬ」という言い伝えがありますが、これは果物の持つ性質から、健康面への注意を促したものです。

また、日本にはできない、遠い外国からの輸入ものを食べることは、居ながらにして食べる人の口だけを外国に移動させるようなもので、身土不二の原則に照らしてみると大変不自然なことです。

果物には特有の薬効があり、また、果樹の葉や樹皮や根にも薬効を示すものがあります。今日では病気見舞いに果物を持って行ったりしますが、それは、果物が肉食に起因する病気には効きめがあるからです。昔は陽性なニンジンや魚を贈ったものです。

ユダヤの古い物語には、アダムとイブがヘビにリンゴをすすめられて、それを食べたら楽園から追放されたという話があります。肉食動物であるヘビが「これはよいものだ。」といってすすめたのです。この話の深い意味をよく味わうべきでしょう。

今日では、明治以来の西洋の栄養学や医学によって、果物は欠かすことのできない食べ物であるように思っていますが、これは肉食の人々にとってのことです。

日本産の秋の果物であるカキやクリやかんきつ類でも、人によっては、少し塩をつけたり、熱を加えたり、日光に当てて干すなど陽性化して食べる方がよいです。生のままを毎日たくさん食べると、陰性体質の人は、冬に手足がしびれたり冷え症になって困ります。

おいしい果物ですが、「アダムとイブの物語」のように、健康の楽園から追放されないように気をつけたいものです。

◆カキなます

カキは体をしんから冷やすので、酔いざめに良いといわれます。日本全国各地で実るカキですから、お料理に使うとよいです。しぶガキの皮をむいて、干しガキを作っておくといろいろ利用出来ます。皮は乾燥させてたくあん漬けやぬか床に入れます。

カキなますは広島の郷土料理の一つですが、ダイコンをせん切りにし、干しガキと一緒にして梅肉であえます。

カキの種を取り除いて油で揚げると甘味が増します。

◆ユズみそ

ユズやダイダイは酸味が強いので、絞り汁を酢のものに利用します。かんきつ類は魚介類とよく合います。

ユズの皮はみじん切りし、みそをゴマ油でいためた中に加え、一緒に混ぜ合わせます。

◆揚げリンゴ

リンゴは、陰性な果物の中では比較的陽性な方です。

リンゴを適当に切り、塩味をつけた小麦粉の衣をつけて揚げます。この他、蒸したり、アルミホイルに包んで焼いたり、煮たりすると、生の味とはひと味異なったものになります。

◆リンゴ汁

頭痛がするとき、生のリンゴの絞り汁を額にすり込むとよく、酸味のあるリンゴの方が効きます。

◆クリ入り玄米ごはん

クリの鬼皮を取り、渋皮のついたままを適当に切ってフライパンでからいりします。少量の小豆と一緒にし、玄米との合計の二割増しの水で、塩一つまみ入れて圧力なべで、玄米ご飯を炊く要領で炊きます。ごま塩を振りかけて食べます。

◆ビワの葉

ビワの葉療法は古くからある民間療法です。熱湯による軽いやけどの時、患部を流水でよく冷した後、ビワの生葉を四、五枚重ねておおうと痛みが取れて早く治ります。神経痛、打ち身、腰痛、筋肉痛、皮膚病にも効果があります。

ビワの葉は古くなると黒ずんできますが、古い葉の方がよく効きます。

ビワの葉のいろいろな使い方

一、ビワの生葉をそのまま患部にあてます。

二、火であぶった葉を患部にあてます。または、その葉で患部をこすります。

三、刻んで煮出した汁を患部に塗ります。また、煮出し汁を温めて、ショウガ湿布のように用います。また、葉を風呂に入れてもよいです。

四、しょうちゅうやアルコールに漬けておいた液を患部に塗ります。

五、ビワの葉を煮出してお茶にします。これは昔から「延命湯」と呼ばれています。

六、ビワの古い葉をしょうちゅうに漬けておき、薬用酒にします。

ビワの葉酒はたいへん陰性ですから、陽性過多の人にはよいでしょう。しかし、陰性の体質や陰性の病気には向きません。

延命湯もほぼ同じように陰性です。

健康にすごすために

スポーツの秋です。運動会や体育祭が盛んに催されています。戦後、国民の体位の向上や体力の強化が叫ばれ、十月十日を体育の日と定めていろいろな行事が行われています。

確かにその成果が挙がっていると思われますが、体位の向上、体力の強化と「健康」とは、必ずしも一致しておりません。スポーツのよくできる人でも体格の良い人でも、病気に悩んだり、若くして死ぬ人があります。

「健康」とは一体どういうことでしょうか。故桜沢如一氏は、健康の条件として次の七つを示されました。

一、ごはんがおいしい
二、よく眠る
三、疲れない
四、物忘れしない
五、決して怒らない

六、万事スマート
七、決してうそをつかない
初めの三つは生理的条件であり、後の四つは心理的、精神的条件です。

第一の条件は「ご飯」がおいしいので、「おかず」がおいしいということではないのです。すなわち、梅干し、ゴマ塩、たくあんだけでも食事がおいしく満足出来るということですが、他方ではそのために、おいしい玄米ご飯を炊く工夫と努力も大切です。

第二のよく眠るということは、長く眠るということではありません。横になるとすぐ寝つき、夢を見ずに静かに熟睡することができ、四、五時間でも眠りが深くて休養が足りている。目が覚めたときには元気を回復しており、気持ちよく起きられるということです。

第三の疲れないというのは、子供が遊びに夢中になって、辺りが暗くなり、はっとわれにかえって「腹がへった」とばかり家に飛んで帰るのと同じです。する事が楽しくて、疲れてやめるのではなく、時間や他の仕事の関係でやめることです。仕事をする前から疲れているようでは不健康です。

第四の物忘れしないというのは、一度聞いたことや覚えたこと、大事なことを忘れないことです。記憶は判断と行動の基礎ですから、これは大変大切なことです。

第五の怒らないというのは、いつも明るい顔をして、人によい感じを与えることです。

生活や仕事に楽しさが満ちている反映です。いらいらして、ちょっとしたことでもすぐ理性を失わないことです。個人的、社会的生活を円滑にするために大切なことです。

第六の万事スマートというのは、考えることもすることもすっきりし、のびのびしていて、秩序づけができていることです。

第七の決してうそをつかないというのは、宇宙の原理、法則に従って生活するということです。感謝に満ちた生活の根底に真実、真理、正義を求める心があるということです。

ここで紹介したような健康になるためには、正しい食べ物を正しく食べることで、少しずつ体質を改善しながら、実生活で練習や実行と反省を積み重ねていくと、長い間にはだれでも自然にそのようになれると思います。

味覚の秋も本番、しゅんのものを使っておいしい料理を食卓に並べましょう。

◆混ぜご飯

材料 レンコン五〇㌘、ゴボウ三〇㌘、ニンジン五〇㌘、カン

ピョウ一㍍、高野豆腐二枚、コンニャク五〇㌘、干しシイタケ三枚、ギンナン、サヤ豆各少々、玄米三カップ、しょうゆ、塩適量。

作り方 レンコンはイチョウ切り、ゴボウはささがき、ニンジンはせん切り、カンピョウはもどして小口切り、高野豆腐ももどして短冊切り、コンニャクは塩ゆでして短冊切り、シイタケはもどして細かく刻んでおきます。

なべの底からシイタケ、コンニャク、高野豆腐、カンピョウ、ニンジン、ゴボウ、レンコンの順に重ねて入れ、シイタケのもどし汁一カップを注いで中火にかけます。よい香りがしてきたら弱火にし、七分通り煮えたら塩としょうゆで少し濃いめに味をつけ、少し汁気を残すぐらいにして火を止めます。

玄米ご飯を炊き、大きめの器で具と混ぜ合わせ、味をなじませます。青みに焼いたギンナンや、塩ゆでしたサヤ豆を飾ります。

◆ナメコのみぞれあえ

ナメコ一袋分をざるに入れてさっと熱湯をかけ、ワカメも一口大に切って熱湯をかけて冷まし、ダイコンおろし一カップにスダチのしぼり汁としょうゆを混ぜて味をつけ、あえます。

◆**生シイタケのかさ焼き**

生シイタケのかさの開き切ってない形のよいものだけを、金網か鉄板の上で焼き、ショウガじょうゆを裏側から塗ってつけ焼きします。

◆**シメジのつくだ煮**

シメジの石づきをきれいにとり除き、濃いめのショウガじょうゆを入れて汁気がなくなるまで煮付けます。

◆**マツタケのすまし汁**

昆布で出し汁をとって自然塩で味を調え、マツタケの薄切りとアラレに切った豆腐を入れて一煮立ちさせ、わんにシュンギクを入れて汁をよそいます。

◆**いためご飯**

タマネギ、ニンジン、シイタケ、インゲンはすべて粗みじんに切っておきます。

ゴマ油を熱してタマネギ、シイタケ、インゲン、ニンジンの順に重ねて入れ、塩を振りかけて弱火でしばらく蒸し煮します。冷めた玄米ご飯をなべの底に入れ、いためた野菜を上にのせてしばらくおいた後強火にし、切るようにしゃもじで混ぜていためます。

コショウ少々を振り、しょうゆで味を調えます。

◆シソの実のつくだ煮

シソの実をたくさん集めてよく洗い、濃いめのしょうゆで汁気がなくなるまで煮ます。

またシソの実を塩漬けにしてガラス瓶に保存しておき、キュウリもみやシソの実ごはんなどいろいろに利用します。

◆穂ジソとカボチャの揚げ物

穂ジソは塩味をつけた水溶きの小麦粉を軽くつけて揚げます。カボチャは一㌢厚さのくし形に切り、塩少々を振っておき、水溶き小麦粉をつけ、パン粉をまぶして揚げます。

てんぷらのように油の多い料理には、ダイコンおろしをたっぷり添えます。

秋祭り

秋祭りが各地で、盛大に行われています。神社で打ち鳴らす「ドン、ドン、ヒャララ」という太鼓と横笛の音や、家々に張りめぐらされたしめ縄にぶら下げられた白い紙垂（しで）が、風に揺れる光景は郷愁を誘い、私たちを神秘な世界に引き込みます。

中国山地の村々では神楽大会も行われ「ヤマタノオロチ」などおなじみの出し物が競演されます。出雲神話「ヤマタノオロチ」の物語は舞台が中国山地から発する簸川《ひのかわ》の流域です。古代の製鉄法では山を切り崩した土砂を川に流して砂鉄を採集したので、下流の田んぼも人々も被害を受けたにちがいありません。神楽では火を吹くヤマタノオロチを猛々しく退治するスサノオノ命の剣さばきに見とれて夜も更け、沿道の夜店で祭気分を味わうと風が急に冷たく感じられます。

旧暦十月は神無月といい、日本中の神々は出雲に行かれてお留守ですが、秋祭りは秋の収穫のお礼の祭りです。日本での宗教行事には、米と塩と水を供え物の中心にしていますが、これは人間の生きる食物として必要最小限のものであることを示しているのです。

収穫した作物や新米を、神さまにお供えしましょう。

◆ムカゴ入りおこわ

ムカゴ五〇㌘はゴマ油でよくいため、昆布だし汁半カップで柔らかくなるまで煮て、しょうゆ味を少しからめに煮付けます。

圧力なべの底に一カップの水を入れてサナを置き、水に一昼夜浸したもち玄米三カップを入れて塩少々を振り、十分圧力をかけて蒸して後、ムカゴを混ぜ合わせます。

◆五平もち

玄米ご飯を柔らかく炊いて熱いうちにつきつぶし、おむすび一個分をまるめて平らなだんごにして金網の上で焼き、竹ぐしに二個ずつ刺します。

みそにショウガ汁と、すったピーナツや白ゴマと少量の水を加えて火にかけ、練りみそを作ります。先の玄米だんごにぬってもう一度火にあぶり、青ノリを少し振りかけます。

◆みたらしだんご

玄米粉三〇〇㌘ともち玄米粉一〇〇㌘を混ぜ、塩小さじ半杯を入れ、熱湯でこねて耳たぶぐらいにし、蒸し器で蒸した後、たたくようにしてよくこねます。三㌢大にまるめて一本の串に四、五個ずつ刺します。

くず粉大さじ半杯を七倍くらいの水で溶き、火にかけて透明になったらしょうゆ味をつけ、だんごにはけでぬりつけます。

◆芋だんご

サツマ芋を厚さ一㌢くらいの輪切りにし、両面へ軽く塩をすり込みます。

小麦粉に塩少々を入れ、熱湯で耳たぶより柔らかめにこね、サツマ芋の大きさにそろえてちぎります。それを薄くのばしてサツマ芋を包み、油を塗ったアルミホイルの上に置いて十五分くらい蒸し器で蒸します。

ダイコン

ダイコンは日本では有史以前から栽培され、根の形から「オオネ」と呼ばれていたのが後にダイコンとなったのです。江戸時代には、五穀に劣らない重要な食べ物とされました。捨てる所がなくて、全部利用でき、どんなにしてでも食べられるので非常に便利で重宝です。

ダイコンを生で食べる場合は、なますのほかに、魚の毒消しとして、また揚げ物やおもち、ソバの薬味にダイコンおろしにして添えます。

生煮えのダイコンは、おいしくないのでおかずにはなりませんが、食養療法で解熱、発汗、利尿に使います。

よく熱を通したものは、煮しめでも汁物でもとてもよいおかずです。繊維が多くて、消化を助け、整腸作用があります。

保存するには干しダイコンにしたり、漬物にすると長期間置けて便利です。

ダイコンの葉は捨てずに、陰干しして保存しておくと、婦人科の病気や皮膚病の手当ての干葉湯にして利用出来ます。

無肥料、無農薬で出来たダイコンは野性的で、ワサビに似た辛みを味わうことが出来ます。
ダイコンは野菜のうちでは割に陰性です。双葉の時期には葉が太陽に向かって広がって伸びます。生長するにつれて、水気の多い根が地下に伸びて太くなると同時に地上にもせり上がってきます。

ダイコンにも、冬にできたハツカダイコンのように小さくて赤い皮をした陽性なものから、桜島ダイコンや聖護院ダイコンのように大きくふくれたものや、夏ダイコンのように陰性なものまで個性に幅があります。

ダイコンの陰性を陽性化して食べるためには、干したり、圧力を加えたり、塩や火を用いて料理すればよいのです。

ダイコンを生や生に近い料理で用いるのは、ダイコンを食べることよりも、口あたりをよくし、消化を助けたり、魚などの毒消しにしたり、民間の食物療法としての浄血作用や利尿作用のためです。しかし、すりおろしたり、細く刻んだダイコンを

それだけで食べることは無理で、必ず多少の塩気が必要で、普通はしょうゆを使います。

◆ダイコン飯

材料　玄米三カップ、ダイコン一本、だし昆布一〇㌢、自然塩、しょうゆ。

作り方　適当にせん切りしたダイコンを昆布だし汁で煮て、塩としょうゆで味をつけておきます。

玄米を圧力なべに入れ、ダイコンの煮汁に、玄米の二割増になるまで水を足し、薄いしょうゆ味をつけてふっくらと炊きます。出来上がった玄米ご飯と、煮たダイコンを混ぜ合わせます。

◆ダイコン菜飯

ふっくら炊いた玄米ご飯に、ダイコンの葉を小口切りしてゴマ油でいためめ、しょうゆ味を濃いめにつけて混ぜ合わせます。

◆ふろふきダイコン

材料　ダイコン一本、だし昆布一〇㌢、黒ゴマ半カップ。

作り方　ダイコンを十個に輪切りし、昆布だし汁に薄い塩味をつけて、中火で気長く煮ます。

十分に軟らかくなったら、麦みそにダイコンの煮汁を加えてすりのばし、いってすりつぶした黒ゴマを混ぜてドロリとさせ、ダイコンにかけます。

◆切り干しの煮付け

切り干しダイコンをさっと洗い、水でもどします。もどし水とともに火にかけ、ゴマ油を少量入れて中火でよく煮ます。甘みを引き出す程度にしょうゆ味をつけます。

◆干葉湯

材料　干葉二株（二本分）、水三㍑、自然塩。

作り方　新鮮なダイコン葉を茶色になるまで陰干しした干葉を、分量の水に、塩ひと握り加えて濃い茶色になるまでよくせんじます。腰がつかる程度の小タライを用い、熱めの湯に腰だけをつけて温め、時々差し湯をして、二十～三十分間行います。毎夜、寝る前に行うとよいです。婦人病、皮膚病、痔などによいです。

冬

レンコン・タマネギ

寒くなると、体を温める陽性な根菜類が豊富に出回ります。レンコンは泥沼の中から美しい花を咲かせるハスの地下茎で、輪切りにすると中央の穴の周りに面白い穴が放射状にあって、いつもお料理を豪華にしてくれる貴重な野菜です。また、気管支系統の病気に特効があるので、食養療法で大変よく使われています。

植物の茎が地上で空に向かって伸びるのは陰性（遠心性）ですが、ハスは茎を泥の中に横に伸ばしていき、節のところから多くの細いひげ根を下にのばしています。レンコン全体に渋味が感じられますが、節に近くなるほど渋味が強くなります。これらはレンコンの陽性な一面です。しかし、レンコンにはカリウムやリンなどの陰性な無機成分が多く、アクが強いので、多く食べるものではありません。多く食べ過ぎると痔《じ》がゆるんだりすることがあります。

タマネギは明治以後日本に渡来した野菜ですが、現在ではどんな料理にも利用され、なじまれています。野菜の中では特に甘みが多く、油を用いると一段と強くなります。食養料理では砂糖を使わないので、甘みやうまみを出すためにタマネギをいろいろな料理によく利用します。

◆うなぎもどき

材料　レンコン一節、ニンジン一本、タマネギ一個、ショウガ、小麦粉、塩、ユズの皮、しょうゆ各少々、板ノリ三、四枚、本くず粉大さじ一、昆布一〇センチ、揚げ油。

作り方　皮ごとすりおろしたレンコン、ニンジンとみじん切りにしたタマネギと、ショウガの絞り汁に甘みを引き出す塩を加え、小麦粉をつなぎにしてざっくりと混ぜ合わせます。

八等分した板ノリの上に、混ぜた材料を七ミリの厚みに平らに乗せ、うなぎの骨に見せかけて縦横に包丁の背で筋目をつけ、油で色よく揚げます。

くず粉を三倍の水で溶き、火にかけて透明になってからみじん切りにしたユズの皮を入れ、しょうゆ味をつけ、揚げたうなぎもどきにとろりとかけます。うなぎのかば焼きそっくりになります。

◆**レンコンのサンド揚げ**

みじん切りしたタマネギとグルテンバーガー（小麦のタンパク質）をゴマ油でいため、塩としょうゆで味をつけ、ショウガ汁を加えます。それを三㍉の厚さに輪切りしたレンコンとレンコンの間に挟み、固めに水溶きして塩味をつけた小麦粉をつけ、油で揚げます。

◆**レンコンのいんろう**

材料　レンコン一節、タマネギ一個、麦みそ大さじ二、本くず粉小さじ一、ゴマ油少々。

作り方　形の良いすんなりしたレンコンを選び、薄味のだし汁で丸ごと煮て、両端の節を切り取っておきます。

みじん切りしたタマネギをゴマ油でいため、麦みそを加えてよく火を通し、少しの水で溶いたくず粉を混ぜてさらに火を通します。

いためたみそにレンコンの穴を押しつけて少しずつ穴の中に詰め込み、片方の穴からはみ出るまで入れます。一㌢厚さの輪切りにします

◆**もちレンコン**

レンコンを横半分に切り分け、一晩水に浸しておいた三分づきのもち米をレンコンの穴に詰め

込み、元通りにつき合わせて糸で縛ります。薄味の昆布だし汁で十分煮ます。一センチくらいの厚みに輪切りします。

◆レンコンのちくわ

レンコン二百グラムをすりおろし、グルテン粉十グラム、小麦粉二十グラム、ソバ粉二十グラム、塩小さじ半分を混ぜ合わせ、まとまったら十センチほどに切った細い竹に巻きつけて油で揚げます。また、蒸してもよいです。蒸したときはしょうゆをまわりに塗って火であぶったり、他の野菜と煮合わせるのもよいものです。

◆レンコンクリーム

レンコンを皮ごとすりおろしたもの小さじ二杯と本クズ粉小さじ一杯とをよく混ぜ、熱湯を三分の一カップ加えて更によく混ぜ、しょうゆ小さじ二、三杯を入れ、さらに熱湯を三分の一カップ加えて混ぜます。

また、本クズ粉を多くしてクリームのように煮、みそを加え、軽く煮て刻みネギをたっぷり添えますと、風邪に大へんよくききます。

◆レンコンのしぼり汁

レンコンの節とその前後三㌢くらいをすりおろし、汁をしぼり、さかずき一杯に塩味をつけて飲むと、セキや風邪によくききます。飲みにくいときは米アメを入れます。砂糖ではよくありません。

◆干しレンコン

レンコンを薄く輪切りにして干します。これをキツネ色にいり、七、八枚を一カップの水で煮出します。薄い塩味で飲みます。本クズを加えてもよく、これも風邪にききます。

◆タマネギのシチュー

タマネギを八つ切りにしてゴマ油でいため、小口切りにしたニンジンとアサリを少し入れてさらにいため、水を加えてよく煮込み、塩味をつけます。小麦粉をいって水で溶いたのを流し、とろりとさせます。

◆タマネギのみそ漬け

タマネギを麦みその中に漬けます。一週間後から食べられます。

ニンジン・芋

ニンジンは、根菜類の中ではレンコンやゴボウと同じように陽性なので、食べると体が温まり、血のめぐりがよくなります。

美しい天然の赤色は、お料理を派手に演出し、また栄養的に見ても貴重な野菜です。ニンジンの甘みは、油を用いると一段と強くなります。

ニンジンは古くから栽培されて日本の風土にすっかりなじんだ野菜になっていますから、安心して食べられます。品種が多く、根の長さも、太さも、色も少しずつ違っています。

西洋ニンジンはだいだい色で、短く、太く、生育が早く、春に種をまいて夏にできます。金時ニンジン（東洋ニンジン）は赤紅色で、細長いものです。土地に塩気が多いと赤色が濃く、美しくなります。生育が遅く、春に種をまいて秋から冬にできます。金時ニンジンの方がより陽性です。

陽性なニンジンは虚弱な人によい食物です。昔から、ニンジンは「気を下し、中を補い、五臓を安んじ、食を健やかならしむ、益ありて損なし」とされています。要するに、体質を陽性にするということです。しかし、元気のよい子供はニンジンをきらいます。ニンジンが陽性なほどニンジン特有のにおいもきつく、そのにおいのせいでもあるのですが、元気な子供という陽性とニンジンの陽性とが反発しあうわけです。これはまた自然なことで、それを強いて食べさせようとするのはいささか無理があります。

芋類はカリウムが多く陰性が強いので、食べると腹が張ってきます。火をよく通し、塩をきかせて食べるようにしましょう。特に陰性の強いジャガ芋や里芋は、動物性食品とよく合います。ジネンジョウは芋類の中では一番陽性ですから、すりおろして生で食べることができます。里芋は毎日一個ずつ食べると、ふっくらするでしょう。

◆ニンジンご飯

材料　玄米四カップ、ニンジン二五〇グラム、薄あげ半枚、サヤインゲン五本、しょうゆ大さじ五、塩少々、ユズの皮半個分。

作り方　ニンジンを七ミリ角に切り、厚手のなべに入れて弱火にかけ、無水煮にします。半煮えのとき塩味をつけ、油抜きして細く切った薄あげを加えて煮つけます。

サヤインゲンは塩ゆでして斜めせん切りにし、ユズの皮もせん切りにします。

玄米ご飯をふっくらと炊きあげてニンジン、あげを混ぜ合わせ、インゲン、ユズを上に美しく散らします。

◆ニンジンボール

ニンジンをすりおろし、タマネギをみじん切りして混ぜ、少しの小麦粉をつなぎにして塩味をつけ、二㌢大のボールを作って油で揚げます。

◆ニンジンのしのだ巻き

五㍉角で長く切ったニンジン三本と、同じように切ったレンコン二本とフキ二本を、三方を切り開いた薄あげで巻き、カンピョウで三カ所を結び、しょうゆ味をつけた昆布だし汁でよく煮ます。しんまで味がついたら三㌢の長さに切り、パセリを飾ります。

◆ニンジン葉の油いため

ニンジン葉を刻み、油あげと一緒にゴマ油でいため、少し水を加えてしょうゆ味で煮ます。

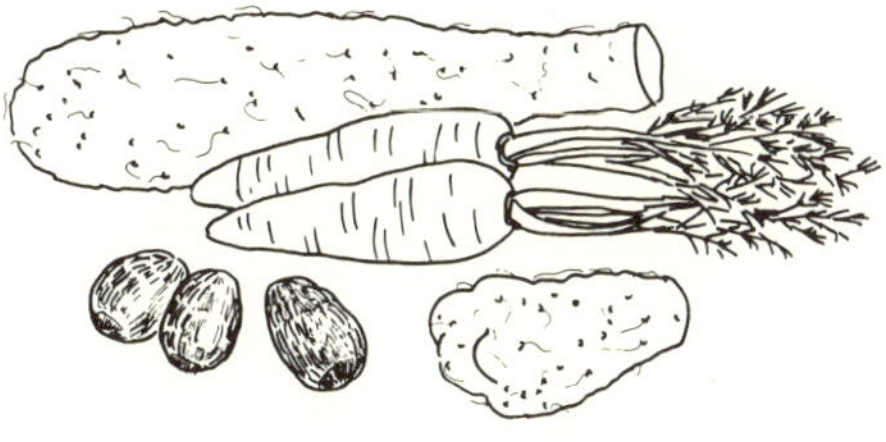

◆ニンジンと黒豆の含め煮

黒豆を一昼夜水に浸しておき、黒豆の上に一㌢の厚みに輪切りしたニンジンを置き、浸し水をヒタヒタに入れ、強火で煮ます。煮立ったら弱火にし、ときどき水をさし、九分通り煮えたら薄塩味をつけて仕上げます。

◆ジネンジョウハンバーグ

材料　ジネンジョウ一本、タマネギ一個、ニンジン一本、小麦粉、塩、ゴマ油。

作り方　タマネギをゴマ油でいため、次にニンジンを加えていため、おろしたジネンジョウを加えて一緒に混ぜ、塩味をつけます。小麦粉をつなぎに混ぜ、一㌢厚さの俵形にしてたっぷりの油で両面をキツネ色に焼きます。

◆ニンジンとろろスープ

材料　ニンジン一五〇㌘、ジネンジョウ八〇㌘、豆腐半丁、シイタケ二枚、ミツバ、ショウガ各少々、昆布だし三カップ、本くず粉大さじ一、ゴマ油大さじ一、塩少々。

作り方　なべにゴマ油を熱し、すりおろしたニンジンを入れて弱火でいため、すりおろしたジネンジョウを加えてよく混ぜます。昆布とシイタケのだし汁を少しずつ入れてよくのばし、豆腐を入れて塩味をつけ、煮立つ直前に水溶きのくず粉を入れます。透明になったらショウガ汁を加えて火をとめ、ミツバを散らします。

◆海藻とヤマイモの梅肉あえ

フノリ、ワカメなどと短冊に薄く切ったヤマイモを、すりつぶした梅肉であえて、器に美しく盛ります。よく混ぜて食べます。

たくあん漬け

漬物は微生物による発酵で材料に独特の香りと風味を添え、美しい色やつやを生じます。酸味が出てきて初めて漬物らしくなり、味がしっかりしてきます。

漬物を作るときの塩は、ニガリを含むものでなければよい漬物は出来ません。ニガリの成分のおかげで発酵が進み、パリポリという歯切れのよい漬物が出来るのです。

しかし最近の塩はあまりにも精製の度がすすみ、イオン交換膜と電気を使って製造されており、海水に含まれているニガリ分がないので、食用にも漬物用にも向きません。

漬物の代表であるたくあんは、私たちの食生活に欠かせません。異国を旅していて一番最初に欲しくなるのもたくあんだといいます。

たくあんに薬品で着色したり、甘味を加えるのは全く不自然なことで、体のためによくありません。塩とともに新しい米ぬかを入れるとよく、ぬかに含まれる酵素や微生物のおかげで糖分やアミノ酸や乳酸やアルコール類が出来、特有の香り、甘み、うまみを作ります。

面倒がらずに自宅で漬け、家族の者に安心して食べていただきましょう。

陰性のダイコンを「漬ける」という調理をして陽性化します。漬物では、塩を用い、圧力を加え、時間をかけます。塩の量は少ないもの、多いもの、圧力は軽く揉む程度から重石を乗せて水分を押し出すものまで、時間は二、三時間から一夜漬け、さらに何年も置いた古漬けまでさまざまあります。

たくあんを長期間保存する場合には塩を多く、重石を重くしますが、一、二カ月で食べる当座漬けの場合には塩を少なく、重石も軽くします。

ダイコンの干し方は、長期保存には「つ」の字のように、当座漬けのときは「へ」の字に曲がる程度にします。干している間に雨にあてないように注意します。

◆長期保存用の漬け方

材料（一斗だる＝一八リットル＝分）　青首ダイコン三〇本、塩（ニガリを含むもの）〇・九～一・三キロ、米ぬか七五〇～八五〇グラム、赤トウガラシ一〇本、カキの干し皮少々。

青首ダイコンは細身のものを選んでよく洗い、

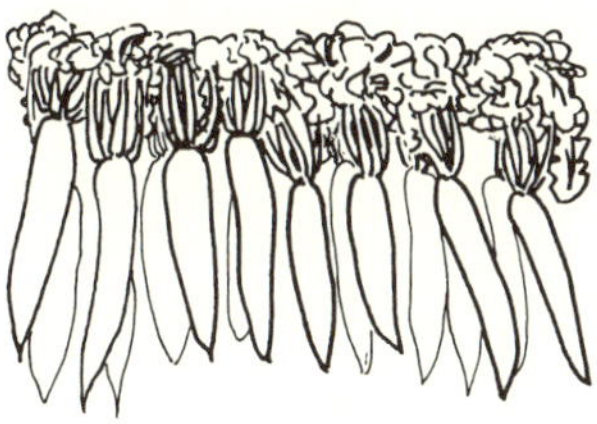

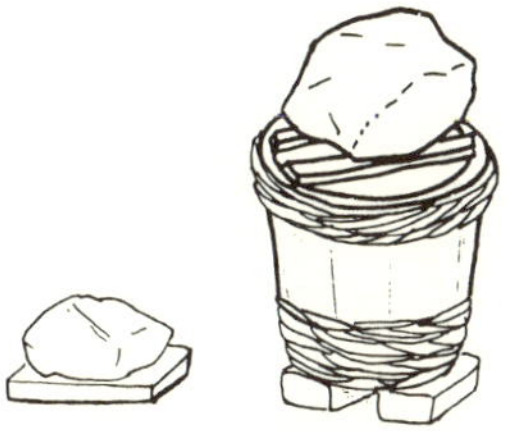

葉をつけたまま二〜三週間干します。「つ」の字、又は結べるような状態になったら葉をつけ根から切り落とし、ダイコンをまな板の上で転がしてもみ、全体をしんなりさせます。

塩とぬかをよく混ぜ合わせて塩ぬかを作り、トウガラシも小さく刻んでおきます。

たるの底に塩ぬかをふた握りくらい敷き、ダイコンをすき間のないように並べます。塩ぬかを一㌢厚みに振り入れ、次いでダイコンを、と交互に重ねていき、上に重ねていくほど塩ぬかの量を多くします。

最後に干した葉を置いて押さえ、塩ぬかを振っておしぶたをし、重石をします。重石はダイコン全部の重さ以上のものがよく、三〇〜四〇㌔を用意します。

一週間くらいで水が上がってきますので、おしぶたが水をかぶる程度に重石を軽く調節します。

漬けるとき、クチナシの実を入れると自然の美しい色がついたたくあんになります。

◆当座用の漬け方

一、二カ月で食べる当座用には、ダイコンを十日間くらい干し、塩を八〇〇㌘、ぬかを一㌔ぐらいにします。水が出にくいときは一〇%の塩水を加えます。

ハクサイ・広島菜漬け

漬物は第一に、とにかくおいしいこと、第二に美しくよい感じと喜びの情をわかせることが大切です。素材が持っている本質を十分に生かした漬物の天然自然の味と香りは、まさに芸術作品といってもよいものです。

置く場所を選び、手間をかけて管理し、食べごろを見計って取り出すのは調理の妙技ウルトラCです。食卓に出してからでも刻々と色や味が変化する生きた漬物を食べると、生命が延びる思いがします。

十二月は正月用のハクサイの漬け込み時期です。ハクサイは日本全国どこにでも出来ることから、最もポピュラーな漬物になっています。ハクサイは一度霜をかぶると味が大変よくなります。

広島菜漬けは、京菜の変種で広島市安佐南区川内を中心に産する広島菜をハクサイと同じ方法で漬けたもので「ふるさと一品運動」の特産品にもなっている漬物です。

水菜、高菜など豊富に出回る葉菜類などとともに、ぜひ漬けてみてください。

◆ハクサイ漬け

材料　ハクサイ八キロ、自然塩三二〇〜三八〇グラム、赤トウガラシ一〇本、昆布一〇センチ角二枚。

ハクサイをまるごと水洗いし、外側の葉を二、三枚はずして葉ぶた用にとっておきます。株元に両手の親指の第一節が入る程度に包丁を入れ、両手で引き裂くようにして二つ割りにします。表面が少ししぼむ程度に干します。干し過ぎると硬くなります。

ハクサイの株の方に、小出し出来るよう二つくらい切れ目を入れておきます。

漬けだるに塩ひと握りを振り入れ、ハクサイは切り口を上に向けて一列に並べます。塩と小口切りにしたトウガラシを均等に振り入れ、上から力を入れてよく押さえます。この要領を繰り返して幾重にも重ねます。塩はハクサイの半株にひと握りくらいが適当で、株の方に多めに振ります。最後に、とっておいた葉ぶた用の葉をかぶせ、おしぶたをして十キロくらいの重石を置きます。

一晩で水がたっぷり上がります。このときに重石を軽くして調節すると三、四日後から食べられるようになります。長期保存したい場合は、二度漬けします。そのときの塩は、最初の三分の一くらいにします。昆布やユズの皮、サンショウの実を加え、ぬかやこうじを入れると一段とおいしい味が楽しめます。

ハクサイは大株より、むしろ小さい株の方がよく、十分漬かっておいしいのは、株を割らずに漬けた小株のハクサイです。ハクサイの漬物は長期保存するよりも、いつも新鮮な材料を使って中漬かりのものを食べる方がいいでしょう。

◆広島菜漬け

ハクサイ漬けと同じように漬けますが、アクが強いので水が上がったら、四、五日して一度全部出し、水を絞って漬け直します。

塩は初め三分の一くらいで、味をみて加減します。最初漬けたとき上にあった菜を下になるように並べ、刻みコンブやトウガラシや塩を振ります。

最後に葉ぶたをして塩を一面に振り、おしぶた、重石をして常に水がおしぶたの上にあるように重石に気を配ります。二、三カ月おくと、べっ甲色になり、塩もかれてきます。細かく刻むと大層おいしく、また塩抜きしてからショウガじょうゆで煮たものもおいしいものです。

そば

そばは消化が早く、そば粉を水で溶いただけでも食べられるので、昔から行者の主食とされました。また、ヒエやアワと同じように陽性なので体を温め、引き締めますから病人や虚弱体質の人にとてもよく、雪山登山の携帯食としても最高です。

おおみそかに、除夜の鐘を聞きながらつもごりそばを食べる風習が江戸時代ころから続いています。

今日ではテレビの年末番組に夢中になり、なんだかテレビ番組とともに年が明けるような感じがします。が、ともあれ一家そろってつもごりそばを食べて新しい年を迎えたいものです。

◆手打ちそば

そば粉に塩少量を加え、すりおろした山芋を混ぜ、水を少しずつ入れながらよくこね、固めのだんごにしてぬれぶきんをかけ、しばらくおきます。

平たい板の上にそば粉を振り、だんごを載せ、めん棒を用いて薄く平らにのばします。そば粉を振って折りたたみ、包丁で細長く切ります。たっぷりの湯を沸騰させ、切ったそばをほぐすように入れてゆでます。ゆでた後のそば湯は風味のある飲み物です。汁物にも利用しましょう。ゆでた手打ちそばをどんぶりに入れ、山芋のとろろをかけ、もみノリを振り、昆布とシイタケのだし汁にしょうゆ味をつけてたっぷりとかけます。刻みネギやダイコンおろしを添え、七味トウガラシも加えます。

◆そばがき

そば粉に熱湯をそそぎ、よく煮えるまで力いっぱいグルグルかき回します。刻みネギを添え、しょうゆ味で食べます。

◆ソバ米おじや

材料　そば米一カップ、ダイコン八〇㌘、油揚げ一枚、ゴボウ、ニンジン各五〇㌘、ミツバ、ショウガ、スダチの皮、塩、しょうゆ各少々、ゴマ油大さじ一、昆布だし汁六カップ。

作り方　そば米は軟らかく煮ておきます。

野菜はそれぞれ細切りし、ゴマ油でゴボウをよくいためたのち

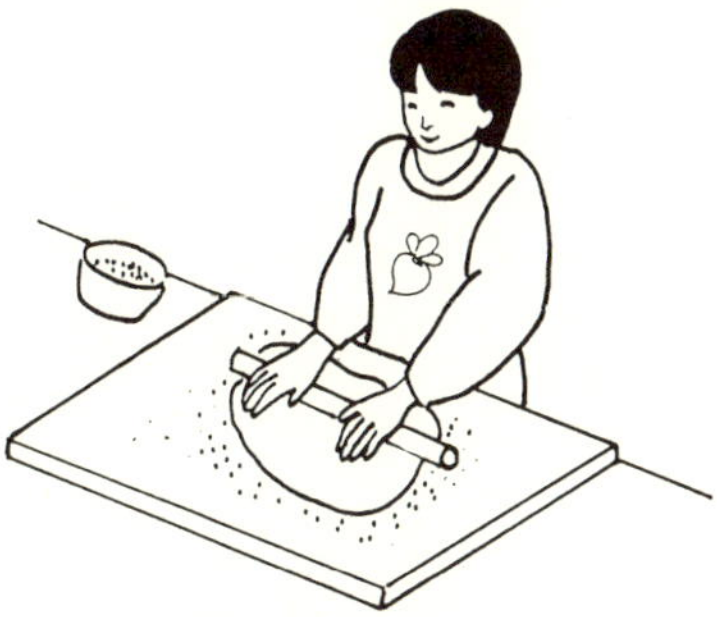

ダイコン、ニンジンの順に加えていため、だし汁を加えて十分煮ます。火が通ったら細切りした油揚げとそば米を加えてしばらく煮、塩としょうゆで味をつけます。ミツバを入れ、針ショウガやスダチの皮を薬味にします。

◆サラセン焼き

そば粉一カップと小麦粉三分の一カップに、ゴマ油大さじ一と塩小さじ半杯を加えてよく混ぜたのち、水三分の二カップを加えてよくこねます。フライパンに薄くのばし、弱火でゆっくりと両面を焼きます。油で揚げてもよいです。虚弱な人によいです。

◆あべかわソバ

ソバがきを塩味のキナ粉にまぶします。お茶うけにもなります。

◆ソバ焼きもち

ソバがきにみそ味をつけて丸め、クシにさして焼きます。硬く練ったソバがきでクルミみそや好みのあんを包んで焼いてもおいしいです。

◆ソバスパイラルカリント

ソバ粉に塩とゴマ油少々を加え水で固くこねておき、コムギ粉も同様にします。それを別々にめん棒でのばし、大きな長方形にし、二枚を重ねて端から巻いてしめます。それを薄く小口切りにしてカリッというぐらいに油であげます。油温は中ぐらいです。コムギ粉の方に塩をきかすとよいです。

◆そばパスター

そば粉をお湯でねり、布にのばして患部に貼ります。腹痛のときに貼るとよく、腹水に効果があります。

おもち

年末の大きな行事にもちつきがありますが、今日では電動もちつき器の普及で、あの威勢のよいキネの音がめったに聞けなくなりました。

おもちは玄米もちにかぎります。玄米もちは、白米のもちのように胃にもたれません。おもちは固くなりがちな体を柔らかくし、ふっくらとさせます。また母乳の出をよくします。ハシカのときには部屋を暖かくし、もち米のおかゆを食べさせると発シンが盛んに出て快癒します。カゼにはみそ雑煮がよいです。虚弱体質の人は、ゴマ油で揚げた玄米もちを一切れ入れたみそ汁を毎日食べると、丈夫になります。

◆玄米もち

もち玄米を四、五日間水に浸し、ザルに打ち揚げて水を切ります。圧力なべの底に一カップの水を入れ、サナを置いてもち玄米を入れ、圧力をかけて十分蒸します。うすに移し入れ、塩少々を振り入れてキネでつきます。塩加減でおもちの味が決まります。

すり鉢に入れてすりこ木でつきつぶしてもよく、電動もちつき器を利用すると早くつぶれて楽です。よくつけたら、もち板かそれに代わる広い容器にもち取り粉を敷き、もちを取り出して熱いうちにお鏡もちを作り、あとは小もちやのしもちにします。

圧力なべを使わないときには、もち米を半つき米にして、ヌカを捨てないで取っておきます。そして半つき米だけ水に一晩浸し、ザルに引き揚げて水気を切って蒸し器に入れ、取っておいたヌカを湿らせて丸いだんごを作って上に置いて一緒に蒸し、つきます。

もち取り粉にハッタイ粉やきな粉を用いてもよいでしょう。

ヒエやアワやキビのもちを作るときには、それぞれ水に浸して蒸すときにもち米と一緒に混ぜます。

◆**お雑煮**

材料　玄米もち五個、ニンジン三〇グラム（イチョウ切り）、油揚げ一枚（せん切り）、里芋一〇〇グラム（輪切り）、ダイコン六〇グラム（輪切り）、干しシイタケ三枚、麦みそ八五グラム、昆布だし四カップ、ユズ皮少々。

作り方　なべにもどした干しシイタケ、ダイコン、里芋、

油揚げ、ニンジンの順に入れて重ね、ひたひたに昆布だしを入れ、野菜が柔らかくなるまで煮ます。煮えたらみそをだし汁で溶いて入れ、味を調えます。

玄米もちは、焼いてから汁の中に入れます。

◆ぜんざい風雑煮

一月十一日は鏡開きです。小豆と昆布とカボチャを一緒に煮て、汁気を多くして薄い塩味をつけます。手で小さく割った玄米もちを蒸し焼きして入れます。これは、ジン臓のためにとても良い食べ物です。

おせち

おせち料理は新年を祝う、おめでたい大事な料理で、わが国独特のものです。年末に、次の年のお料理の事始めとして作るわけで、丹精込めて、健康と幸福を実現できる料理を作りましょう。食養料理は身土不二の原則に基づき、季節の産物を用いて、調理するこの上ない理想的な料理法です。昔から伝えられた自然の味を大切にして、手作りのおせち料理を作りたいものです。

豆は、年中行事や慶弔行事にいつでも登場する大切な食べ物です。おせち料理の黒豆はその代表で、その煮方は昔から工夫され、秘伝として伝承されている家庭もあります。

黒豆、カズノコ、田作りは三つ肴（ざかな）と呼ばれる代表的な祝い肴で、黒豆はその色から、健康にまめに働くという願いがこめられています。

またお正月には、お抹茶に黒豆と梅干しと昆布を入れた「大福茶」で、新しい年をお祝いするしきたりもあります。

◆黒豆

材料　黒豆三カップ、水九カップ、自然塩小さじ一、しょうゆ大さじ一。

作り方　黒豆を三倍の水に十二時間以上浸しておき、浸し水とともに圧力なべに移し、圧力をかけて煮ます。沸騰したら弱火にし、十五分間煮て火を止め、そのまま蒸気が自然に抜けるまでおき、ふたをとって塩を入れ、今度は圧力をかけずに軽いふたをして弱火で三、四時間気長に煮ます。塩で甘味を引き出し、しょうゆを加えます。

途中で、黒豆を動かさないように、なべを少し傾けて煮汁の煮詰まり加減を見る程度にします。大分煮詰まってきたら、なべごと上下に振って汁を豆にからませ、汁が少し残っているくらいで火から下ろし、そのまま一日置いて味を十分になじませます。

この料理は黒豆自身の持つ甘味を生かすので、火加減や塩加減に細かい注意がいります。そのためには、ニガリを含んだ塩と防腐剤などの添加物の入っていない天然醸造のしょうゆを使い、黒豆は自然農法で栽培したのを使います。黒豆の煮汁は感冒やせき、気管支炎によいです。

◆田作り

ゴマメは、お米の豊作を願う祝い肴です。

ゴマメをゴマ油で香ばしくいり、ショウガじょうゆを振りかけ、水分がなくなるまでからめます。

◆紅白菊花カブ

材料　小カブ十個、梅酢、米酢各大さじ三杯、昆布一〇㌢角、ユズ一個、菊の葉一〇枚。

作り方　カブの上下を切り落とし、下の部分五㍉くらい残して縦横に細かく包丁目を入れ、裏から二・五㌢角に切り離します。

塩水に約三十分間漬け、水気を絞り、梅酢と昆布とユズの絞り汁を合わせた桃色の酢と、米酢と昆布とユズを合わせた酢に半分ずつ漬け、紅白の菊花漬けを作ります。菊の葉を敷いて盛り付けます。

◆菊水ミカン

材料　ダイコン二〇㌢、ミカン三個、セリ、塩少々。

作り方　ダイコンをミカンの幅に合わせて切り、薄く桂（かつら）むきにして塩少量を振り、しんなりさせます。ミカンの皮を取って真半分に手で割り、平らな部分にさっと塩ゆでしたセリを

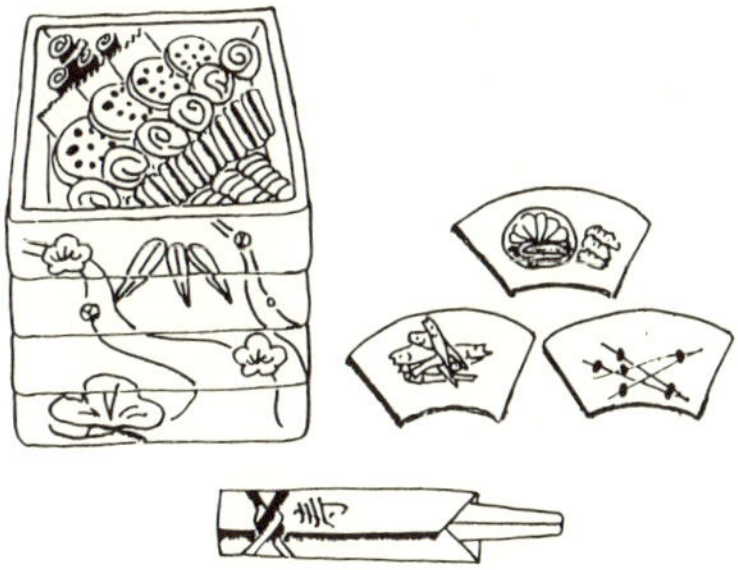

おき、その下に桂むきしたダイコンを大波、小波をかたどって折り返し、最後にミカンの周りをぐるりと巻きます。しばらく落ち着かせ、半分に切ります。

◆玄米巻きずし

材料　玄米三カップ、高野豆腐五枚、ニンジン一本、カンピョウ一袋、干しシイタケ五枚、セリ一束、板ノリ五枚、梅酢小さじ二、昆布、ゴマ油、塩、しょうゆ各適量。

作り方　玄米を二割増しの水と塩少量を入れて圧力なべでふっくらと炊き、同量の水で薄めた梅酢を振り入れ、混ぜ合わせて冷まします。

昆布とシイタケのだし汁にしょうゆ味を付け、カンピョウと高野豆腐を煮ます。煮汁の残りでシイタケを煮含めます。ニンジンは七㍉幅で細長く切り、無水煮して塩少々で甘く仕上げます。セリは少しの熱湯で塩ゆでします。

巻きすの上にあぶった板ノリを置き、梅酢を混ぜた玄米ご飯を一㌢の厚さに平らにのせ、真ん中に具を置き、かたく巻きます。一本を八つに切ります。梅酢の代わりに米酢を用いてもよいです。

◆煮しめ

材料　コンニャク一枚、厚揚げ二枚、レンコン一節、ニンジン一本、ゴボウ一本、里芋八個、クワイ八個、干しシイタケ四、五枚、サヤ豆少々、コンニャク一枚、昆布、ゴマ油、塩、しょうゆ各適量。

作り方　レンコンは一㌢の輪切り、ゴボウは厚さ一㌢の斜め切り、ニンジンは厚さ一㌢の花型にし、コンニャクは塩ゆでして厚さ五㍉の手綱切りにします。

昆布は水にもどして結びます。里芋は切ってすぐ塩をふっておくと、煮くずれしません。ゴボウはあらかじめ弱火で油いためし、薄塩味をつけておきます。

なべに油を熱し、コンニャク、シイタケ、昆布、厚揚げ、クワイ、里芋、ニンジン、ゴボウ、レンコンと重ねて入れ、手で軽く押さえてシイタケと昆布のもどし汁を材料がひたるくらい加え、強火で煮ます。

沸騰したら中火にし、七分通り煮えたら塩としょうゆを三回くらいに分けて加え、味を調えながら汁気が少なくなるまで煮含めます。サヤ豆は別に塩ゆでします。重箱に美しく並べて入れます。

◆きんとん

焼き芋と蒸したカボチャをそれぞれ裏ごししてよく混ぜ、塩少々を振って甘みを出します。クリをさっとゆでて、渋皮を取って薄塩味で煮ます。材料全部を混ぜ合わせ、昆布だしを少量加えてトロ火で煮ます。

◆コブ巻き

長さ十㌢の細いゴボウを油いためし、しょうゆ味で七分通り煮ます。それを開いた油揚げで巻き、その上を水でもどしたコンブで巻き、カンピョウで結びます。もどし水にしょうゆを加えた中に入れ弱火で煮しめます。適当な長さに切ります。

◆クワイ太鼓

クワイの両側を少し切り取り、カツオとコンブのだし汁にショウガのしぼり汁を加え、しょうゆ味で煮つけます。

◆レンコンぼたもち

長さ五㌢くらいに輪切りしたレンコンを油いためし、小豆と一緒に煮ます。よく煮えたら塩味をつけ、レンコンの穴に小豆を詰め、長さ一㌢の輪切りにします。

◆**かつら巻き**

線切りしたニンジンを油いためして塩味をつけ、水気を切ってすりつぶした豆腐と混ぜ、ユズの皮のみじん切りを加えて白あえを作ります。シュンギクは、からいりして塩味しておきます。ダイコンのかつらむきに塩をふってしんなりさせて、白あえを置き、その上にシュンギクを乗せて巻いて、輪切りにします。

◆**イガグリ**

カチグリを水でもどし、薄塩味で煮て、水溶きコムギ粉の中をくぐらせ、一㌢に折ったソウメンをまぶし、油でからりと揚げます。

◆**矢羽根レンコン**

レンコンを梅酢を入れて煮て、斜め輪切りにします。その中心の穴と外側の穴の二つをうまく通るように選んで包丁を入れて折り重ねると、折り口に矢羽根の模様が出来ます。それを上にして置くために、座りよく外側の丸い方を切ります。

人類共通の願いである「健康と平和」を実現する秘密は、実は一番身近な日常の「食」の中にあるのです。ここにはごく一部に過ぎませんが食養料理の基礎を紹介しました。各自が自由に応用し、創造して、健康で、自由で、明るく、楽しい、しかも感謝と祈りに満ちた平和な家庭と社会を共に築いていきたいと願っております。

生命《いのち》の糧

生命の糧

祖先の残した知恵

食物は生命の糧です。だから、何が人間の正しい食物であるか、どのような材料を、どのようにとり合わせ、どのように料理して、どのように食べるかということは、すべての人にとって大切な問題です。

これまで記してきたことは、一種の健康法や漫然としたいわゆる自然食などではありません。もちろん、外国の最近の流行を模倣し、翻訳したものでもありません。われわれが祖先から代々受け継いできたものです。この正しい食物の原理と技術は数千年の歴史と伝統をもっているのです。

正しい食は生命、すなわち、肉体と精神を養うものであり、健康な人の日常の食です。それゆえ、病気になった人にとっても副作用のない最高の薬です。健康な人によい食物ですから、病人にもよい食物なのです。

科学の誤用が健康を阻害

生命の世界は変化してやまない世界です。生命をもつものは全体が一つの統一された小宇宙です。ものごとの見方に、東洋風の全体的な見方と西洋風の分析的な見方があります。分析するといかにもわかりやすいですが、生命現象を部分に分けてみたら生命の実体は失われてしまいます。分析的な目（科学）では生命はつかめません。ここに今日の根本的な問題があるのです。現代人の健康の悪化の原因は食物の指導原理に欠陥があり、科学を誤って応用したことにあると思われます。

生命をみるには全体的な見方が必要です。これは東洋の精神であり、陰陽の哲学（変化の学問、易学）です。

人間に備わる陰陽

陰と陽は相対の世界で具体的なものごとを抽象的に表現する仮の言葉であり、符号です。宇宙のすべてのものごとを記述するこの二つの言葉を用いて、具体的なことがらを陰なら陰、陽なら陽と初めに仮定して、宇宙法則（陰陽の原理）に従って考えますと答えが出ます。もし、答えが誤っていたら、最初の仮定が反対であるか、宇宙法則の理解や応用が誤っているのです。すなわち、陰陽の原理の方ではなくて、人間の判断の方に間違いがあるのです。

実は、すべての人は生まれながらに陰・陽を知っています。本能のはたらきはその現れです。易学は数千年前に完成していたものですが、長い間に老子や孔子のような偉大な人々の努力にもかかわらず混乱し、廃れて、不可解なものになっていきました。これを、初めて新しい解釈のもとに科学との接点に立ってよみがえらせ、だれにもわかりやすく使えるようにし、世界中に広めたのは桜沢如一先生（東洋哲学者、昭和四十一年没）です。その陰と陽の定義に従って、料理に関係のあることを実用的な表にしてみました。次頁の表は、一応の目安であり、尺度ではありません。

食は生命の糧ですから陰陽の哲学が指導原理とされるのは当然です。日本では、さらに、食物を神としてまつり、料理の原理と技術を一つにして、「料理道」としているのです。

表に出てくるナトリウムとカリウムは、食物の多くの成分のうち、相対する一組を取り上げたに過ぎません。このような一つの目安だけで決定的な判断を主張することはできません。しばしば、科学的、分析的思考はこの点で誤りを犯しているのです。例えば、ビタミンやタンパク質の化学分析の結果から、玄米の核心は胚芽にあるとして、玄米と胚芽白米を同一視するなどです。

表Ⅰ

陰性←——————→陽性

陰性	陽性
遠心性	求心性
静かなもの	動くもの
植物	動物
冷たいもの	熱いもの
水分の多いもの	水分の少ないもの
カリウム分の多いもの	ナトリウムの多いもの
ふくれる	縮まる
大きくなる	小さくなる
軽くなる	重くなる
上がる	下がる
細く長くなる	太く短くなる
紫　緑	黄　赤
辛い　えぐい　酸い　甘い	塩からい　渋い　苦い

表Ⅱ

陰性←——————→陽性

					トウモロコシ	ムギ	コメ		キビ　アワ　ソバ
タケノコ	シイタケ	ナス類	ウリ類	マメ類	葉菜類	イモ類	海草類	ネギ類	根菜類
			香辛料			果物			魚　肉　卵

大きい主婦の役割

食養の目標は、食物を通して、人生でなにより大切な健康を増進し、本能を強め、解放し、判断力を向上し、自由で幸福な生活を実現し、平和な世界を建設しようとすることです。そのような食生活は、いつでも、どこでも、だれにでもできるのです。簡素で、経済的で、安心して楽しくできるのです。

この食物を料理するのは、一般の家庭では主婦です。家族の一人一人の健康と幸福、一家の運命は主婦の手の中にあるといってもよいでしょう。それは、社会や民族や世界につながっているのです。食物の力を考えるとき、食物を料理する女性の役割はいくら強調してもしすぎることはありません。

今日、自然食が少しずつながら理解され、正しい食物の原理と技術を実生活の場で試みるなどの広がりがみられるようになってきました。新しい文明への芽が出ようとしているように思えてなりません。

伝統の食生活

四季のはっきりした日本では、昔から多彩な年中行事が繰り広げられています。五つの節句(一月一日、三月三日、五月五日、七月七日、九月九日)、春と秋の彼岸、お盆、お祭り、お花見、お月見など、祖先をまつり、豊作を祈り、収穫を感謝し、花鳥風月を楽しんで社会生活を営んでいます。そして、これらの行事のほとんどすべてに食物と酒を伴わないことがありません。季節の食物や特別に意味をもつ料理を供え、趣向をこらしたごちそうを作っています。また、昔は毎月一日と十五日に勤労を休み、赤飯を供えました。

今日では、年中行事の多くはその意味が忘れられたり、廃れたり、行楽化したり、商業化したりしています。そのほかにも祝いの日や遠足や運動会や折にふれての会合などで、それぞれにふさわしいお弁当やぜいたくなごちそうを作って、みんなで生活を喜び楽しんでいます。

しかし、平常は、このような時に比べて、必要なだけの質と量の、季節にふさわしい質素な食事にするのが、実生活のあらゆる面からみて望ましいのではないでしょうか。平常の食物でも、おいしくて美しいことは大切なことではありますが、食物の第一義を忘れて、味覚本位の食物やお体裁の目の料理を追い求めるばかりでは、ついに正しい食物を見失ってしまいます。毎日、ぜいたくな食生活を送っていては心身の健康によくないでしょう。

今日の私たちの食生活では、明治以来の急激な洋風化、ことに敗戦以来の極端な欧米化と経済事情のために、民族の食生活の伝統は廃れ、食生活の様相は一変し、食物の実質は全く失われています。このような食生活が私たちにとって本当にふさわしいものであるかどうかということは、民族の存亡にも及ぶ大きな問題です。

朝食

乳幼児やお年寄りは別ですが、元気な人は玄米ご飯一ぜん、みそ汁一わん、梅干し一個、つけ物少々、お茶一杯、それに常備菜があれば少々添えます。

みそ汁の実は季節の野草や野菜、海草、豆腐、フなど。時には、揚げ物や揚げたもちか焼いたもちを加えるなど趣向をこらし、みそ汁だけで十分な副食となるようにするとよいでしょう。

ゴマ塩はお年寄りや子供のためにはゴマを多くし塩の少ないものを用意します。玄米ご飯とゴマ塩は基本食です。

漬物はよくつかった味わいのよいものを少々添えます。

お茶でだれにでもよいのは番茶です。番茶は葉だけのものより茎や枝も入っているものがよいでしょう。このようなお茶は水から煮出して、ほんの少し塩を落とすと甘味が出ます。食後のお茶の一杯は気分を落ち着かせ、口中の衛生にも役立ちます。

昼食

昼食は人によってさまざまです。とらない人も、軽くとる人もあります。外出する人には、お弁当を用意する方がよいでしょう。お弁当はご飯とおかずを三対一の割合にし、おかずはいたみにくいように調理します。梅干しも添えます。

夕食

夕食は一日のうちでは一家だんらんの時です。玄米ご飯、おかずは煮しめやいため物など。寒い日には温かいおでんやなべものも時によいでしょう。

毎日の食事の質も量も大体のところを決めておく方がよいでしょう。

おかずはご飯三口に一はしの割で、味の濃いものから食べるようにするとよいでしょう。おかずの種類も量も多すぎるとご飯をよくかむことの邪魔になります。

これで、日常の一日の熱量は、季節によって多少がありますが、およそ千五百カロリー前後でしょう。栄養や熱量はいくら考えて計算しても分析した値にも問題があり、また、食べた人の消化・吸収の力にも差異があるので、およその目安と考えた方がよいでしょう。

材料にみる自然の法則

易を食物学に応用

食物は生命のもとですから昔から貴いものとされてきました。また一方では、食物が健康や性格や心理に直接大きな影響を及ぼすので、注意深い観察や経験が集積して、立派な学問になっています。

明治二十九年、石塚左玄は「化学的食養長寿論」を著して正しい食物について説きましたが、そのとき、食物に含まれるミネラル分に着目して、その代表としての「カリウムとナトリウム」で食物の働きを説明しました。その後を継いだ人々のうち、桜沢如一はこれを「陰・陽」で説きました。彼は太古の易を現代の言葉で十二の定理にまとめ、無双原理と呼んだのです。そして、これを食物に応用したのです。また、食物療法でも目ざましい成績をあげました。

実生活の指導原理

易は宇宙の唯一の法則、すなわち真理であるといわれます。

空間も時間も限りのない「一つのもの」から陰と陽が現われるのです。現象の世界では、すべてのものは陰と陽からできているのです。

陰は遠心性、拡散性で、陽は求心性、圧縮性です。陰は上昇、寒冷の現象を、陽は下降、暖熱の現象を起こします。陰と陽はその性質が反対です。

陰と陽は互いに引き合い、陰と陰、陽と陽は互いにしりぞけ合います。

陰と陽は相対的で、陰だけ、または陽だけから成るものはありません。また、全く中性のものはありません。

陰は陽を生じ、陽は陰を生じます。この世の中で変化しないものはありません。始めがあるものに終わりがあり、始めと終わりは反対です。

この易（変化）の原理は東洋ではすべての学問と実生活の指導原理とされ、尊敬され、深く研究されてきました。

一口でいえば、陽性なものは陽気な感じのもの、陰性なものは陰気な感じのものです。色では赤や黄、動きのあること、水分の少ないことなどは陽性で、緑や紫、静かなこと、水分の多いことなどは陰性です。

多角的な観点から判断

したがって、動物や人間は陽性で、植物は陰性です。陰性の植物の中に、また、さまざまな段階の陰陽があります。植物の陰陽を判断するには、それが生育する土地と季節、気候、植物全体の形などでまずおよその見当をつけ、さらに色、水分、成分、特にカリウム分とナトリウム分の比率などと一層細かくいろいろの角度から見て決めます。

ゴボウもニンジンも根を縦に（地球の中心に向かって）真っすぐにのばしています。色ではニンジンがダイダイ色で陽性ですが、根の太り方はニンジンの方がよく太っていて陰性です。水分もニンジンの方が多いです。ゴボウはニンジンよりずっと深いところまで細長くのびていて、根の求心力はゴボウの方が強いわけです。こうして見てくると、どちらも陽性な野菜ではありませも、ゴボウの方が陽性、ニンジンの方が陰性ということになりましょう。

根に現れる陰陽

茎が地上で空に向かってのびるのは陰性（遠心性）だが、ハスは茎を泥の中に横にのばしていきます。この点からみれば、ハスはゴボウより陽性です。

ダイコンは生長するにつれて根が地上にも長くのび上がってきます。太くふくれて、色白く、水分が多い。根を見ても、葉を見ても、ニンジンよりずっと陰性です。

ネギはひげ根を地下に放射状にのばし、地上に中空の葉を天に向けてのばしています。独特の香りが強い。ダイコンより陰性です。

広島菜やハクサイは申し訳のような小さな短い根の上に表面を広くするように波うった大きな葉をつけています。これらはネギより陰性です。

植物は陰性の姿になって地上に茎をのばし、葉をひろげ、地下に根をのばすのが共通の性質なので、植物の中での陰性と陽性のわずかな差は根に一層はっきり現れます。だから、植物の陰性・陽性の判断は根を見ると容易になってきます。

陽性に転じて同化

料理では乾燥したり、時間をかけたり、圧力を加えたり、火や塩を使います。これらはすべて陽性にする手段です。だから、料理はこのような陽性化の手段によって植物、すなわち陰性を転じて陽性にして、人間に一層近づけて、同化しやすくする技術であるということができます。

米

経済優先の米作り

米は第一級の農産物です。日本では、食物として、質においても量においても米以上のものはありません。だから、自然に食物の中心、主食となっているのです。われわれの生活している土地から最も多く産み出される食物が主食であり、そうすることが、〃身土不二〃の原則に従うことです。

今日では、生命より経済優先、省力と便利追求の世の中になっています。米作でも、おいしいが収穫の少ない品種より、少々まずくても多収穫の品種を植え、化学肥料や危険な農薬を多く使い、モミを日にあてて自然に乾燥するより、熱を加えて強制的に乾燥するといった調子です。そして、結局、うまくない米を作っているのです。

まずい米ということは、食べるのに適しない米ということです。化学薬品を多量に使う農業で、雑草や微生物が死に、土が死んで、自然の循環が止まってしまいます。米がまずくなり、汚染されます。やはり、本当によいのは昔ながらの有機肥料を使う自然農法で出来た米です。

「人間は穀食動物」

米にも陰性な米と陽性な米があります。かたくひきしまったウルチ米は陽性で、やわらかくふくれたモチ米は陰性です。だから、ウルチ米はごはんやおかゆに炊くが、モチ米は水気が少ないように蒸しておこわや赤飯にしたり、蒸して、更についておもちにしたりするのです。水気が少ないことや圧縮する力は陽性です。反対に、水気の多いことや広げる力は陰性です。

モチ米はウルチ米より陰性なので、ウルチ米より陽性な調理法をするわけです。ウルチのいり玄米を雪山の携帯食糧とすることや、ハシカの子にモチ米のおかゆがよいのは米の陰性・陽性の応用です。

「かわいい子には棒食わせ、憎い子にはもち食わせ」ということわざは、モチ米の陰性な生理的作用を考え合わせるとおもしろいです。

水田の稲の姿は、泥の中に根を張って、すらりと背高く、陰性な姿です。人の姿もなんとなく稲の姿に似ているようです。石塚左玄先生が「人は穀食動物である」といわれたのは人間の本質を明らかにした言葉です。

普及した圧力なべ

玄米は白米のようには炊けないので、炊き方に工夫がいります。戦後、圧力なべが普及して玄米がだれにでも楽に炊けるようになって、玄米が食べやすくなりました。圧力なべの発明は、料理で火と塩の作用、すなわち、陽性化の作用を一層強めて時間を短縮するもので、人間の食物の歴史に画期的なことです。

主食のごはんを立派においしく炊き上げることは、料理で最も大切なことです。どんなにおいしいおかずを工夫してそろえても、ごはんがまずくては食事が何か物足りませんが、ごはんがおいしいと梅干しや漬物だけで、あるいはしょうゆやみそや塩だけで食べてもお腹がおさまって落ち着くものです。

おかずが多すぎては身も心も不安定になり、真の健康から遠ざかってしまいます。特に動物性食品が多いとその傾向が強いでしょう。とにかく、主婦は一家の健康と幸福のために、おいしい主食の調理に全力を注ぎたいものです。

玄米を上手に炊く

玄米四カップ、水約五カップ（約二割増し）、塩小さじ約半分。

一、米を洗う前に砂やゴミなどの異物を取り除く。お盆などで一並べするとすぐできます。

二、たっぷりの水に米を入れ、すくい上げるように米を動かして早くきれいに洗います。

三、水加減は米の乾燥の程度によります。

四、米と水を圧力なべに入れ、塩を加え、強火にかけて沸騰したら火を弱くして沸騰を続けます。沸騰を始めて二十五分後火を消し、さらに二十五分間そのままにして蒸らし、残った蒸気を抜いてからふたをとります。

炊き上がったごはんは中央が盛り上がり、こうばしく、底は薄く焦げている程度がよいです。一つのかまのごはんでも、上の方は陰性で、下の方は陽性です。米粒の質（成分や比重）に差があるためです。普通は上下を軽くまぜ合わせます。弱い人には底の陽性なごはんを食べさせるとよいでしょう。

主食は多く、おかずは少なく、ごはん三口におかず一口くらいがよいです。一口のごはんを五十回も百回もよくかむようにしましょう。かむ間ははしを置くようにするとよいでしょう。

よくかむことには限りない功徳があるのです。食物の真の味を味わうことができて、自分の体に本当に必要なものを知ることができます。食べ過ぎをしないで満腹し、病気を未然に防ぐことができるのです。

人間の食物の中心

米はイネという草の実です。イネと同じ仲間の草には、ヒエ、アワ、キビ、ムギ、トウモロコシなどの作物があり、世界中に分布して、人間の食物の中心になっています。世界の長い歴史の中で、これらの穀物の上に築かれた特徴のある文明が栄枯盛衰したのです。

漢字で、「米」は小さい粒が四方に散っているさまを描き、「麦」は「来」と同族の字で、寒冷な西方の高地から来た穀物を意味しています。「和」は、もとは声と声を合わせることを表し、そこから「一緒になる」、「なごやか」という意味が出てきました。和の字の扁がイネ科の植物を表す「禾」、すなわち、実のいった穂が垂れたイネやアワなどのすがたを写した記号であるところが意味深長です。この字を作った古代の人々は草食動物が集団生活をするのを見ただろうし、また、米や植物を食べると性質がなごやかになることを知っていたのでしょう。

動物の生命は植物なしにはあり得ません。さらに植物の生命は土を離れてはありえません。動物は、結局、植物を通して土につながっているのです。人間もこの秩序の中にあることはもちろんんです。これは広い広い生命のつながりの道なのです。だから、気候風土によってその地に生活する人間の食物が自然に決まっているのです。

強い陽性の「ヒエ」

イネ科の作物を陰・陽の目で見ると、草の丈の高いほど、実の粒が大きいほど、実のカリウム分が多いほど、ナトリウム分が少ないほど陰性です。陰性から陽性への順に並べると、トウモロコシ、麦、米、キビ、アワ、ヒエとなります。

ヒエは栽培されるどころか、イネの中で見つかると引き抜かれますが、たいへん陽性で、ヒエのおかゆは体を温めることが古くから知られています。

麦は冬に生育して春に収穫される陰性な穀物で、ヒエや米とは反対に体を冷やす性質があり、夏によく食べられます。

パン食普及したが

穀物を食べるとき、粒のままと、粒を粉にして料理する仕方とがあります。日本では、昔から、粒を粉にしてめん類やだんごを作ったり、はったい粉やソバ粉のようなインスタント食品を作って来ましたが、パンのような食物はついに発明されなかったのです。カビのような微生物の応用では世界一の民族で、古くから、酒、みそ、しょうゆ、納豆などを作ってきたのに、パンを作らなかったのは不思議なことのようですが、日本産の小麦はグルテン分が少なくてパンに適しないためであったと思われます。また、パンはふくらしてあるのでたいへん陰性です。この強い陰性が、生理的に菜食の人々の体質に合わなかったためでもありましょう。戦後、日本人の食生活は西洋化して、パン食も著しく普及しました。それに伴って体格や体質や性格が変わってきました。

よくかむのが基本

穀物の消化・吸収は、粒食より粉食の方がよいとよく言われますが、粒を細かくすると消化がよくなるという考えは誤っています。消化は体内の酵素の作用で進む化学変化です。消化の第一歩は、かむことから始まるのです。その間に、口の中でだ液中の酵素によってデンプンの消化が進むのです。次いで、胃ではタンパク質が消化されます。つまり、食物の成分が消化されるところは決まっているのです。消化がなければ吸収はありません。穀物を主食とする食事で、よくかむことが大切なわけです。

消化・吸収がよくないと、食物のムダだけでなく、胃や腸をいためて弱くし、栄養障害を引き起こしたり、すべての病気のもとになったりするのです。体が病むと心も不安になるのです。

米は精白しないで玄米で食べるのが最もよいのです。精白することは、大自然から恵まれた貴重な養分を受け取らないことであり、労働の結晶を粗末にすることです。江戸時代に米の精白が盛んになって「江戸わずらい」と呼ばれた悪質なカッケが流行したのです。また、明治になって、白米を食糧とした日本の陸軍や海軍もカッケに悩まされました。

ただし、実際には、精白しない穀物が食べられない場合もありますので、あまりとらわれ過ぎないことです。

正しい食による教育を

今日、教育への関心は大変高まり、教育に熱心ですが、本当の教育は食を正しくすることから始められねばなりません。もし、人間にとって正しい食を知らず、あるいは食を正しくすることを無視して教育に努力しても、その割に成果があがらないことは現実に見られるところです。「正しい食物を正しくとることによって健全な心身を育み、養い、本能を強め、伸ばして、高い判断力と大きな精神に至る。」このような、食物を通しての自発的な人間形成は最も根本的で、最も成果のあがる教育です。

塩

ニガリのない精製塩

今日の塩は、昭和四十六年十二月に塩田が廃止されて以来、工場に海水を引きイオン交換膜を使って作られており、塩化ナトリウムが九九％以上というように、化学薬品同然のものになっています。塩田で作られていたころの塩とは成分も、その割合も違っているのです。五十歳以上の人なら湿った塩や、塩の俵からニガリがたれていたのを思い出すでしょう。ところが、今日の塩はサラサラしています。これは、塩が精製されすぎてニガリ分がほとんどないためです。

ニガリ分を含まない塩は人間に大きな悪影響を及ぼすものであるとした自然食のグループの人々はニガリのある塩を求めて運動し、その結果、「赤穂の天塩」や「伯方の塩」や「シママース」などができたのです。

ニガリを含む塩と塩化ナトリウム九九％以上の塩と、どちらが生命にとってよいかは海の生物で実験してみるとすぐわかることです。塩水を海水の濃度にしてアサリで実験すると、ニガリを含む塩では塩水を盛んに吹き飛ばし、管や足をのばしています。

材料を生かす自然塩

ニガリ分はマグネシウムやカルシウムやカリウムなどとともに、ごく微量の多種類のミネラル類を含んでいるのです。生命の発生した海で自然に調節されたミネラルのバランスが塩に移っているのです。生理的に不可欠な微量元素は、ごくわずかな量でも大きな作用をします。このミネラル類は他の食物にも含まれてはいますが、塩からとるのが最もたやすいのです。

ニガリ分はなくてはならないのですが、また多過ぎてもよくないのです。結局、最もよいのは長い間保存しておき、その間にニガリをたらした塩を使うことです。

料理では塩で味をつけるのが基本です。また、塩の代わりにしょうゆやみそが使われます。しかし、ニガリを含まない塩は辛いばかりです。うまみのある自然塩を使うと塩加減で味を微妙に変えることができ、材料の持ち味が生かされたちょうどよい味が出せるのです。つけものでも、自然塩でないとおいしくて、歯切れがよく、長持ちのするものができないのです。

気力にも影響する

塩を陰・陽でみると、味がからいこと、食べると血圧が高くなったり組織を引き締め、気力が強くなったりして、生理的にも心理的にも活発になることから、塩は極陽性です。

塩を食品に加えて料理することは、材料を陽性化することであり、調理に火を使うことや時間をかけることや圧力を加えることと同じ性質の作用を加えることです。

塩加減は、陰性の強いウリ類やイモ類などでは多く、陽性なネギ類や根菜類などでは少なくなります。動物性食品（陽性）には塩分がかなりあり、加える塩は植物性食品（陰性）に比べてずっと少なくなります。エスキモー人が氷の世界に住んでいながら、肉食なので塩を必要としない理由はここにあるのです。

日常の食物から塩分をことさらに少なくすることは食物の陽性さを弱めることで、その結果は体が陰性になって血圧が下がったり、体がふくれて大きくなったり、生活力が弱まって病原菌に侵されたり、判断や行動がのろく無気力になったりします。

米と並ぶ重要食糧

食物の中で塩だけは他のもので代用することができません。また、私たちは塩無しで済ますことはできません。食いだめもできません。毎日、古い塩を尿や汗で排出し、それを補うように新しい塩を食べているのです。そして、血液や体液のミネラルの濃度は一定に保たれようとします。つまり、塩は血のもとです。

だから、塩は米と並ぶ大切な食糧です。穀物をたくわえるように、塩もたくわえるように心がけたいものです。

また、塩は決して単なる調味料ではありません。いわんや、砂糖や化学調味料と同列に置かれるべきものではないのです。

ゴマ

奇跡を起こす植物

昔、四十人の盗賊がいました。彼らは町へ出かけて金銀財宝を奪って山の中に持ち帰りました。盗賊の頭が大きな岩に向かって「開けゴマ!!」と叫びました。すると奇跡が起こりました。岩が動いて洞くつが現れました。宝物をその中に納めると、頭は「閉まれゴマ!!」と叫びました。すると、また、岩が動いて洞くつをふさいだのです。

岩を動かすじゅ文に出てくるゴマ、それは、きっと、昔の人々にゴマの持つ偉大な力が奇跡を起こすように思われたに違いありません。

実際に、ゴマは古くから栽培されている有益な、重要な植物です。

穀物の扱いを受ける

日本では、昔は、ゴマは米や麦や豆と並んで穀物の扱いを受けていました。これらはすべて実が穀に包まれています。

ゴマは原産地がインドとも、エジプトともいわれている一年生の草です。春に種をまいて秋に収穫します。まっすぐに、細長く、高く伸びて、暑い夏の日光を喜んで浴びているように見えるのは、いかにも熱帯からやってきた植物らしい、陰性の強い姿です。

ゴマは日照りを好み、雨の年にはよくできません。これもゴマの強い陰性を示しています。水より陰性な油を多く含む実を結ぶことも陰性が強いことです。

ゴマには黒ゴマ、茶ゴマ（黄ゴマ）、白ゴマの品種があります。陰性とされるゴマの中でも、また、陰・陽の差があります。色から見て陽性から陰性への順に並べると、黒ゴマ、茶ゴマ、白ゴマになります。

油分の多い白ゴマ

日本では、黒ゴマは中国地方以北で栽培されるが、九州地方ではほとんど栽培されないで、黒ゴマに代わって白ゴマが栽培されていることは、黒ゴマが白ゴマより陽性であることを示しています。

また、白ゴマは黒ゴマより油分が多いことは、白ゴマが黒ゴマより陰性であることを示しています。

黒ゴマは「陰中の陽」であるから、昔から薬用にされてきました。古書に、「虚を補い、膚肉を長じ、筋骨を健やかにし、耳目をあきらかにし、大小腸を利す。いりて食すれば風邪ひかず」と記されています。

白ゴマも薬効が記されていますが、薬用としては黒ゴマの方がすぐれています。白ゴマは食用にし、しぼって油にします。

ゴマは料理から駄菓子にまで広く用いられています。ゴマをいって粒のままや、半ずりにしたり、油の出るまですりつぶしたり、切りゴマにしたりして用います。

風味増すゴマあえ

また、どんな料理にもゴマを加えると、風味や香りや口あたりがよくなり、不思議においしくなります。すなわち、「ゴマ化」されるわけです。

陰性なゴマは陽性な塩と組んでますます威力を発揮します。

◆ゴマ塩の作り方

ゴマ塩はたいへん重要なものです。ゴマと塩の割合は大さじで八対二を標準とします。塩はニガリを含む塩がよいのです。塩をよくいって、すりばちで力強くすりつぶし、微粉末にしてすりばちに残しておきます。塩をいるときは換気をよくすることです。

次に、ふたが密閉出来る、小さ目の軽い薄手のなべを用意します。洗いゴマをなべの底に一層になる程度に入れます。ふたをして火にかざし、はじける音がしだしたら、ふたを押えて上下に振り、また火にかざします。

これを二、三回繰り返し、香ばしくいれたら塩の中に移します。このようにして分量のゴマがいれたら、力を入れないようにしてゴマをすります。ゴマが壊れて油がしみだし、塩を包むのですが、さらさらとしているように仕上げることが大切です。

ゴマと塩の割合は、子供や老人には九対一くらいがよく、働き盛りの人には七対三くらいがよいでしょう。

ゴマ塩はご飯にかけるほか、熱い湯や茶に入れたり、お菜にかけて食べるとよいでしょう。

ゴマ塩は玄米ご飯とよく調和します。玄米ご飯とゴマ塩だけをよくかんで一週間生活すると、いろんな変化が現れて、奇跡が起きたとしか思えないようになる人が多いのです。ただし、結核など消耗性疾患の人はしないで下さい。

ネギ類

下痢止めや駆虫に

ネギやニラのように独特の臭いにおいを放ち、生のときには辛い味がする一群の野菜と野草があります。これらはネギの仲間で、数千年以前から栽培されてきた最も古い野菜です。茎や葉は秋から冬にかけて育ち、多くは夏に枯れます。

栄養が豊かで、一年中どんな料理にも用いられるだけでなく、食物の消化と吸収を促進し、胃腸を整えるすぐれた強壮作用があります。

また、生や、生に近い状態で食べると、下痢止めや駆虫など、いろいろのすぐれた効能もあり、尊重すべき野菜です。

禅宗の山門の傍らに「不許葷酒入山門」（葷《くん》酒山門に入るを許さず）と刻み込まれた石の柱が立っています。葷とは臭い菜のことで、ニンニク、ラッキョウ、ニラ、ネギ、アサツキ、ノビルなどを指すのです。これらの野菜や野草には臭いにおいがあるだけでなく、強精作用や多食による神経への悪影響があるために、修行者の集団生活と精進の妨げになるので、酒や肉類とともに禁じられたのです。しかしながら、殊にニンニクなどのすぐれた薬効については古くからすでによく知られており、お釈迦さまの教団でも病気の治療のためにこれを用いることは許されていました。

陰性な環境に適応

ネギの仲間は野菜のうちでは割に陽性な野菜です。陰性な環境を好んで生育するものは陽性が強いものですし、陽性な環境に適応するものは陰性が強いものです。冬（陰性な季節）、雪の中で緑の葉を茂らせ、夏（陽性な季節）に向かうと葉が枯れて地下の鱗《りん》茎が数を増し、大きくなり、ここに栄養分を蓄えています。成長した環境が陰性な環境から陽性な環境へ変るので陰性の現象（鱗茎の増殖と肥大）が起こるのです。茎の最も下のところがふくれるのは「陽極まって陰を生ずる」ことでもあります。

においを放つということは陰性です。また、辛味も陰性です。この陰性な成分は全草に分布していても、鱗茎のところに殊に多い。「陰と陽は互いに引き合う」からです。鱗茎の肥大はこの陰性の力のためでもあるのです。

ニンニクやノビルは生長するにつれて鱗茎が地下に深く沈んで行こうとする（陽性）のに対して、タマネギは地上に現れようとします（陰性）。

動物性の臭みと調和

においや辛味のような陰性は火という陽性を作用させると消え去ってしまいます。ネギ類を加熱すると陽性化されて、糖分の甘みが強く現れ、うまみが増してきます。

ネギ類は、その殺菌作用と植物性（陰性）の臭みと辛味が肉や鳥や魚や卵の毒消しになり、動物性（陽性）の臭みとよく調和してこれを消し去るので、これらの調理によく用いられます。

タマネギは秋から冬にかけてが一番おいしいです。油とよく合います。軽くいためてみそ汁の実にしたり、強火で手早くいためてサラダに入れたり、野菜スープ、シチュー、コロッケなどに入れると甘味をつけ、味をやわらげ整えます。タマネギとニラを一緒にいためて塩味をつけた玄米の焼き飯は特においしいです。タマネギのみそづけは生のタマネギの上手な食べ方です。

ネギを刻んでソバやめん類の薬味として添えるのは、ネギが消化・吸収を促進する性質を利用したものです。みそ汁にネギやニラを浮かすのも同じ原理によります。

ワケギはあえものによく使われます。アサリなどとよく合います。

ニラは体を温め、強壮作用があります。少しずつ食べているとよいでしょう。

ラッキョウは根をつけて塩薄くつけ込んだものがラッキョウの特性を生かした食べ方としてすぐれています。

ニンニクは薬物や薬味として用いられます。疫病予防のまじないとして軒につるされるほどです。生のニンニクの粒を入れたニンニクしょうゆを作っておくとよいでしょう。ニンニクの口臭は梅干しで消えます。

ウリ類

初夏を迎えると人々は一斉に軽やかな服装になります。風を通して外から体を涼しくするわけです。この頃は、また、内から体を涼しくするような夏の作物が収穫できるようになります。その代表がウリ類です。ウリ類の原産地は熱帯地方です。熱帯という環境の陽性がウリ類のようなたいへん陰性な植物を生み出すのです。

食用から観賞まで

ウリ類は熱帯地方でも大昔から栽培されてきました。食用になるものや、容器や道具を作るために利用されるものや、観賞用に植えられるものなどがあります。

環境が陽性になればなるほどよく広がり伸びるものは陰性なものです。だから、夏になるほど、熱帯に行くほどよく育つものは陰性なものです。ウリ類は暑い季節と暑い場所によく育つので陰性な植物です。大きな葉をたくさんつけた茎を長く伸ばし、畑をはい回ったり、巻きひげでつかまって、サーカスのように、高くよじ登ったりします。水気をよく引き上げ、大きな果実をつけてびっくりさせます。このようなことは、陰性が強くなくてはできない芸当です。

陰性なウリ類の中にも、陰性なものと陽性なものとがあります。長いつるになり、果実がふくれて硬くなる陰性の強いヒョウタン（苦くて食べられない）、ヒョウタンより陽性で、水分が多く、甘いスイカやメロンやマクワウリ、もっと陽性で、果肉が黄色で水分が少なく、生のままで翌年まで置かれるカボチャ、ことに北海道産のカボチャは最も陽性です。

塩をうまく使おう

ウリ類はカリウム分が多く、陰性なので、体から塩気を取り去り、生理的に体を冷やす力が強いのです。利尿作用も非常に強いです。だから、美味にまかせて食べ過ぎないことです。特に、子供や弱い人は気をつけたいものです。料理にあたっては特に塩を上手に使わねばなりません。生で食べるときにも塩を添えるとよいでしょう。そうすると、自然の甘味が一層強く感じられるものです。

江戸時代、太平の世になって、町人の間に初物を楽しむ風が盛んになったので、幕府は野菜を売り出す時期を制限した禁令を出しました。その中で、シロウリは五月（旧暦）から、マクワウリは六月（旧暦）からとしたのです。これは季節と作物の関係を尊重して、人間の災いの始まりである「口」の放逸を取り締まることで、健康で平和な生活を保たせ、ひいては、社会不安を未然に防ごうとする深慮遠謀であったというべきです。

ウリ類が陰性の強い作物であるだけに、古人はその取り扱いに慎重でした。それが禁忌の言葉や行事になって伝承されていますが、その中には合理的なものが少なくありません。しかし、今日では、早作りはもちろん、作物の不自然な取り扱いが行われて、季節の野菜が一年中姿を見せているのに慣れています。

キュウリは塩もみや漬物にします。強火で手早く油いためして塩味したタマネギと、薄切りしたキュウリを合わせ、梅酢であえます。

スイカやアジウリは夏のうれしい食べものです。皮も捨てずに、堅いところを除いて、タマネギとともに煮て、みそ味をつけます。

シロウリは薄く切って塩もみにしたり、ならづけにします。ならづけは塩をたくさん吸い込んだウリをおいしく食べる方法です。

日焼けにヘチマ水

カンピョウはユウガオの実から作られます。ひものように長く削り、乾燥し陽性化して保存するのです。

カボチャは煮ものや揚げものやポタージュにしたり、子供のおやつとして、ようかんやサンドイッチなど、いろいろにできます。

ヘチマの若い実は食べられますが、一般には、よく熟らせて水につけ、繊維だけとって利用します。

茎からとれるヘチマの水は、キュウリの水と同じように、化粧水にします。日焼けした膚によいです。

ヒョウタンは、ヘチマと同じように、夏の日陰を作り、夏の生活を風雅に涼しくします。実から楽しい器がいろいろできます。

ナス類

連作のきかぬ野菜

夏の盛りには、ウリ類と並んで、ウリよりもっと陰性な野菜が現れます。それはナス科の植物です。ウリやマメとともにナスは盛夏の野菜です。ナス科の作物は連作ができません。一度植えると、地力が回復するのに七年かかると昔から言い伝えたほどです。

「秋ナスは嫁に食わすな」ということわざがあります。また、「秋ナスビ　わささの粕につけまぜて　嫁にはくれじ棚に置くとも」という歌があります。これらは、俗には、ナスが秋になると種も少なくなり、風味も増すが、これを新しい酒粕につけるともっとおいしくなる。このようなうまいものを嫁にはやらぬと、嫁をにくむ心を表したものということになっています。しかし、それだけの内容ならば、このような言葉はとうの昔に消え失せてしまっていたことでしょう。実は、このことわざや歌には深い意味があり、子孫のためを思い、嫁をいたわる親切な心がこめられているのです。

すなわち、若い嫁がナスを多く食べたために不妊症になったり、流産したり、奇形児を生んだりすることのないように用心した戒めなのです。それだからこそ、今日まで広く言い伝えられてきたのです。

多く含むカリウム

ナスを陰・陽で見ると、ナスは盛夏という最も陽性な季節に生育する野菜で、野菜の中では最も陰性な野菜です。

それゆえに、「ナスは性寒利にして、多く食すれば必ず腹痛下痢し、女人能《よ》く子宮を傷つく」とされ、「生なるは毒あり、食うべからず」とされ、「久しく冷ゆる人、多く食すべからず」とされたのです。

色を見ても、つやのある黒紫色の皮で、茎まで紫色をしている。紫色は最も陰性な色です。太陽の光はニジのように七色の光に分けられます。赤・橙・黄は暖色、陽気な色、緑・青・藍・紫は寒色、陰気な色と言われます。このように、色の感覚は本能的に万人に共通するから、色を通しての判断は、また共通な判断に到達できるでしょう。すなわち、暖色は陽性、寒色は陰性です。

色は最も目につきやすい判断の材料です。しかし、色だけで決めつけるわけにはいきません。陰性か陽性かを決めるには、その他の角度からもみて、全体的に判断せねばなりません。

ナスの実はよくふくらんでおり、水によく浮きます。水より陰性なわけです。灰分はカリウムがナトリウムに比べて圧倒的に多い。この点でも陰性です。ナスの根は小さくて浅く、横に伸びています。強い陰性が根の姿によく現れています。総じて、ナス科の植物はみな陰性が強いのです。

トマトは熟れると赤くなります。色は陽性だが、水分が多く、酸っぱく、独特のえぐみと臭みは陰性です。

トウガラシは小さいが細長くて味がはなはだ辛い。極めて陰性な味です。ピーマンやシシトウは辛味はないが、皮が大きくふくれて空洞になっています。広がろうとする性質（陰性）が強いことを示し、においまでえぐみを感じさせます。

料理には魚と合う

ナスは魚とよく合いますが、ジャガイモやトマトやピーマンなどは肉とよく合います。

クコの若葉はクコめしにします。葉や茎はせんじて茶にし、果実でクコ酒をつくります。

ホオズキは盛夏に熟れて、緑の葉と赤い実がぶら下がって美しい。お星さまに供えたり、お盆に仏さまに供えたりしてなつかしい思い出をつくります。ホオズキの実から種子と汁をすすりながら上手に出して作った「ホオズキ」を鳴らすのは、子供の楽しい遊びであると同時に体のためにもよいことです。

ナスのように陰性のものは漬物にして、長い時間をかけて陽性にするのが最も安全な食べ方です。また、輪切りしたナスを串にさし、両面に油をぬり、強火で焼き、ゴマみそやネギみそをつけます。

ナスのへたを塩漬けにしておき、そのまま黒焼きにしたものは歯《し》槽《そう》膿《のう》漏《ろう》の妙薬です。歯ぐきにすり込みますが、歯みがき粉のようにも使います。

歯をみがくとき、歯だけでなく、歯ぐきをしっかり、時間をかけてこするようにすると歯周炎の防止になり、従って、歯が強くなります。塩やナスのへたの黒焼粉は別ですが、いわゆる歯みがき粉などはむしろつけないで、歯ブラシだけでみがく方がよいのです。

イモ類

人間の歴史の中ではさまざまな異変が繰り返し起こっています。飢きんもその一つです。享保十七年（一七三二年）に大飢きんが起こり、無数の餓死者が出ました。これより先、大三島の人、下見吉十郎は薩摩藩が領地の外に持ち出すのを禁じていたサツマイモを命がけで持ち帰り、瀬戸内の島々に広めていたので、この地域では、この飢きんで餓死者は一人も出なかったということです。

また、昭和二十年前後の戦中戦後の食糧不足の時代には、庭も空き地も山畑も校庭もイモ畑になりました。そして、米粒の少ないイモがゆを毎日食べたことを思い出します。

ジャガイモも天明や天保の飢きんのとき各地でたいへん役立ったのです。

サツマイモは暖地を好み、細くのびた根の先がふくれてイモになることや、茎が長くのびてつるになることや、カリウム分がナトリウム分よりたいへん多いことで陰性です。

サトイモは茎の下端がふくれて親イモになり、そのまわりに子イモをたくさんつけること、多孔質の葉柄を高くのばして先端に大きな広い葉をつけていることなどから陰性です。

コンニャクはイモの上に茎と根が出て、根は横にのびます。サトイモよりいっそう陰性です。

ジャガイモは寒冷地でもできるが、横にのびた地下茎の先がふくれてイモになり、カリウム分がナトリウム分よりたいへん多いのです。一番陰性なイモです。

ヤマノイモは茎が細長いつるになるが、他のイモが地中の浅い所に丸くできるのに反して、深い所に縦に棒のようにできます。他のイモより陽性です。

食品の陰性・陽性の判断には、それができた環境とそれ自体をよくみることだけでなく、食べた結果の生理的な現実を尊重しなければなりません。

やせた人にサトイモを食べさせていたら丸々と肥えたとか、焼きイモは食べたし太りたくはなしとか、また、食べて胸が焼けたり、腹が張ったりするとかは、これらのイモの陰性のためです。イモの料理では、その強い陰性の害を受けないように塩（陽性）をよく利かせねばなりません。

サツマイモしかできない島ではこれを主食とするのが当然で、小魚や海草を添えて食べて、健康で長生きしている所は多いのです。陰性の強いイモは動物性食品（陽性）とよく合います。

◆ジネンジョ

野生のイモで、イモのうちでは一番陽性です。

◆ナガイモ

栽培されるので、水気が多く、えぐ味さえ感じられます。品質は陰性で、ジネンジョには及びません。

生のイモをすりおろし、青ノリを添えてしょうゆで味を調えて食べたり、熱いすまし汁でとろろ汁にします。

◆サトイモ

サトイモのきぬ皮を取り、棒ダラと気長に煮込み、しょうゆ味をつけます。

◆サツマイモ

モチ米を蒸してついたものに、蒸したイモを加え、塩をふり、つき込んでもちにします。いつまでもやわらかく、焼けばよくふくれます。

◆ジャガイモ

このイモの若芽には毒があるので取り除きます。イモを切り、塩サケの頭や骨と一緒に気長に煮ます。からくし過ぎないように味つけに気をつけます。

◆イモパスター

サトイモの皮を厚く取り、すりおろし、その一割のショウガをすりおろして混ぜ、小麦粉を加えて流れぬ程度のやわらかさに調節し、患部よりずっと広い布か和紙に約一㌢の厚みにのばし、皮膚にはります。

はる前と後にショウガ湿布をするとよいでしょう。一㍑の熱湯にすりおろしたショウガ百㌘の割で絞り汁を入れ、タオルを浸して絞り、患部を赤くなるまで蒸します。
イモパスターは痛み、炎症、うちみ、はれなどによく効きます。

豆類

お正月には黒豆や豆もち、節分にはいり豆、お月見には枝豆、祝い事にはお赤飯などと、年中行事や何かあると豆を使った料理が登場します。また、ふだんでも、大豆から作った豆腐やみそやしょうゆなどを食べています。こうしてみると、豆は私たちの食生活に一日も欠かせない、重要なものであることに気がつきます。

別名に〝畑の肉〟

豆類を化学分析すると、乾燥した豆ではタンパク質が二〇%を超えています。特に大豆は三〇%以上で、よく「畑の肉」といわれます。この言葉は動物性食品の代わりを大豆がするような感じを与えますが、これはタンパク質だけに着目した言葉にすぎません。

大豆と肉とは全く反対の性質を持っています。肉は生でも食べられますが、豆は生ではとても食べられません。肉は煮れば硬く縮まるが、豆は軟らかくなります。生理的にも、肉は体を温めるが、豆は体を冷やす性質があるのです。特に、食品の性格を特徴づける目安の一つ、ミネラルの含量と割合には極端な差があります。大豆ではカリウムはナトリウムの数十倍もあり、牛肉では数倍くらいです。だから、調理で塩の使い方が大きく違うわけです。

陰性の強い食品

豆類はカリウム分が非常に多く、ナトリウム分が少ないので植物の中でも陰性が強いのです。豆科の植物の根に地中の根粒菌が侵入して、根のところどころがふくれてこぶになっています。この細菌が空気中の窒素を固定し、宿主がそれを吸収します。根粒菌が共生しやすい体質を持っていることは、豆科の植物が陰性であることを示しています。

陰性な豆類の中でも、こまかく見ると、比較的陰性なものと陽性なものとがあります。黒大豆は黒紫色で粒が大きく、白大豆より陰性が強いです。枝豆は未熟なので、陰性がたいへん強いのです。

小豆は小さくて固く、赤紫色をして、豆の中では陽性です。同じ小豆でも品種によって陰陽の差があります。

陽性な小豆の煮方は、他の豆とは異なってきます。小豆を洗ったらすぐ火にかけ、びっくり水を打ちながら煮ます。火もとろ火がよいです。味付けも十分軟らかくなってからでないとできません。

大豆は水に浸しておき、浸し水とともに煮ます。

みそは工夫の産物

今日、一般に豆の料理に砂糖を使っていますが、これは陰性な豆を一層陰性にする点でよくありません。

昔から、カビを利用して大豆からみそや、しょうゆや、納豆を作ってきました。これは陰性が強い大豆を、いかにして食べようかという工夫のすばらしい産物です。

タンパク質はカビの酵素のためにアミノ酸にまで分解され、消化・吸収が非常によくなり、風味もまたよくなります。

豆腐も陽性なニガリを使った大豆の巧妙な食べ方です。

豆の煮合わせ方にも陰・陽を組み合わせた工夫がみられます。次に例をあげますと——

◆大豆とサケの頭の煮合わせ

大豆を三倍の水に浸して煮ます。半煮えの時、サケの頭を小さく切って入れ、中火で二、三時間煮ます。しょうゆで味をつけます。

◆小豆とカボチャとコンブの煮合わせ

材料を一緒に煮て軟らかくなってから、塩で味を調えます。これは、また、糖尿病や腎臓病にもよいですが、症状に応じて塩加減が大切です。

◆小豆がゆ

玄米に一割の小豆を混ぜて十倍の水で煮、塩で味を調えます。あまりかき混ぜないことです。

◆おめでとう

小豆がゆの一種ですが、貧血のときや体力の衰弱したときに大へんよいものです。多めの水で小豆を七分通り煮て、小豆の五倍くらいのいり玄米を加え、煮立ったらとろ火にして長く煮ます。味をみながら、塩を少しずつ、何度にも分けて入れ、よく混ぜ合わせます。

◆ヤンノー（小豆コーヒー）

小豆をいって粉末にし、その一割のいったモチ玄米の粉末を混ぜたものをせんじて塩味で飲みます。保健飲料です。

◆豆腐パスター

豆腐の水気を切り、つぶし、その一割くらいのショウガをすりおろして混ぜ、流れないようになるまで小麦粉を混ぜ、布にのばして熱のあるところに貼ります。これは生理的に強く冷やす効果があります。頭の熱を取るのにもよいです。

葉菜類

欠かせない副食物

ハクサイやキャベツなどの葉菜類は副食物として重要な野菜です。新鮮な菜を煮ると、菜の水分とアクとが塩味と調和して快い甘味を出し、また、ほどよく漬かったお葉漬けは食欲を増進させます。野菜の緑が食卓にあると、なごやかな気分になります。

畑の菜であるのに野菜といいます。きっと、その昔は野の草であったものを畑に移し、水をやったり、肥料をやったりしているうちに、今の野菜になったのでしょう。

葉菜類も、他の栽培植物と同じように、気候や土質によって、また、栽培技術によって性質や形が変わり、変種が多いです。広島菜は京菜の変種で、広島市安佐南区川内を中心地とする特産物です。この菜は太田川が運んだ腐食土を含む、水はけはよいが、保水力のある土質と、豊富な水質のよい地下水と、この地域の寒気から生まれた菜で、独特の風味をもつすぐれた菜です。

品質を左右する水

葉菜類はみずみずしい大きな葉をして、柔らかく、野菜の中では割に陰性な方です。地上の葉の部分は上に向かって立ち上がり、伸び、広がり、遠心性が現れています。色が緑色であること、根が吸い上げた水分を葉から蒸散することなども陰性の現れです。水がよくないと、よい菜ができません。

キャベツは丸い玉になり、緑色も薄く、アクが少なくて割に甘く、生でも食べられますので、陽性な方です。ミズナは葉が細長く、水気が多く、独特の風味が強く、緑が濃いです。キャベツより陰性で、煮たり、塩漬けにして、陽性にして食べます。タカナはしわのある大きな葉で、紫色の部分も多く、アクが強く、えぐ味があり、ミズナよりさらに陰性なので、塩をよくきかせて煮たり、漬けたりします。タカナは海水で洗って塩漬けするのが一番おいしいといわれますのは、陰性が強いためでしょう。陰性の強い野菜は多食しない方がよいでしょう。

自然農法はどこへ

作物は肥料を施すとよくできるのは当然です。葉菜類では特にその効果が著しいです。戦後しばらくは畑の片すみに肥だめやたい肥が見られました。ふん尿にしても、生活排水にしても、植物にとっては肥料となり、栄養分でした。土の中には微生物や小動物がいて、生命力のある土に自然の循環が成り立っていました。そのころの野菜は強くて、おいしかったのです。

しかし、世相が変わって、工業化社会になると、化学肥料が使われ、続いて、農薬が使われだしました。作物は早く大きくなり、収穫が増し、虫食いがなく、農作業の手間が省けるようになりました　しかし、土は死んでしまいました。自然の循環は止まってしまったのです。化学肥料を一度使うとやめられなくなり、作物は弱くなってしまいました。

最近、有志の人々によって、有機農法とか無肥料無農薬農法が唱えられ、実行されていますが、土が生き返るのに三年も五年もかかるといわれています。

自然破壊を招きつつある今日、化学肥料や農薬について、皆で真剣に考えねばならない時が来ました。

塩のはなし

平賀　一弘

一　食用塩　——製法変わり工場製品に

塩は生活のために毎日食べなければならないものであるが、また、漬物の主役として欠くことのできないものである。

「青菜に塩」というように、塩を野菜類にふりかけたり、高い濃度の塩水に野菜を漬けると、野菜の細胞の方から、細胞膜を通して水分が塩の方へしみ出し、同時に、塩分や漬け汁が細胞の中に入っていく。この作用を早めるため、重しで圧力を加える。

細菌も塩に触れると菜と同じことが起こり、細菌が一層小さくなって死んだようになり、生きていても活動力がずっと弱まるので、塩の防腐作用があらわれ、塩蔵ができる。

歯切れはニガリ

長期保存の漬物では塩の濃度は一〇—一五％が普通である。塩分が多くなるほど早く漬かり、長期の保存に耐えるようになる。

材料を塩漬けにしている間に、材料の細胞やヌカに含まれていたいろいろな酵素が糖分や脂肪、タンパク質などを分解し、また、空気中やヌカの中の各種の有用な微生物が混ざり合い、調和を保ちながら作用して、徐々に変化が起こり、その漬物独特の風味を作りあげていく。

野菜類の漬物で大切なことは、香りと味のよさのほかに、歯切れのよさであるが、これは塩に含まれるニガリ分に大いに関係がある。すなわち、ニガリに含まれるマグネシウムやカルシウムは植物に含まれているペクチン質と結合して、組織を硬くさせ、弾力性をつける性質がある。

漬物は食品の保存だけでなく、塩で保存している間に、そのままでは食べられないものが食べられるようになる。つまり、漬物は塩を使い、時間をかけた料理である。

植物性食品はカリウムの含有量が多いから、植物性食品を多く食べる日本人にとって、栄養上、カリウムとバランスするだけのナトリウムをとることが必要で、漬物では、塩はたいへん重要な役割をもっている。

塩は、今日の日本では、政府の専売品で、品質と価格は決められている。現在、日本たばこ産業株式会社（前日本専売公社　昭和六十二年四月一日改称）から一般の家庭用に売られている塩は、「食卓塩」、「クッキングソルト」、「精製塩」、「食塩」、「つけもの塩」などがあり、家庭での漬物には、「クッキングソルト」や「食塩」や「つけもの塩」がすすめられている。塩の主成分である塩化ナトリウムは、「クッキングソルト」が九九・五％以上、「食塩」が九九％以上、また、三十キロ袋入りの「並塩」が九五％以上で、これらの塩はどれを用いても、漬物に使う塩の分量に差はないといってよい。

添加物入り天然塩

昭和五十二年六月から発売された「つけもの塩」は塩化ナトリウムが九五％以上だが、漬物の発酵を促進するリンゴ酸やクエン酸がごく少量添加してあり、また、ニガリ分も少し含まれているようだ。

昭和四十六年、日本専売公社は経済的な理由から、事実上、全国の塩田を廃止して、海水を塩田で濃縮する代わりに、工場でイオン交換樹脂膜と電気を使って濃縮する製塩法に切り替えた。これは有史以来の製塩法を一変した。これに驚いた自然食関係の人々は塩田の復活運動をしたが、時すでに遅く、塩田の復活はできなかったから、やむなく、一部の業者によって、公社から買った塩にニガリを添加したり、ニガリを残したりした塩を製造・販売する認可を得て、加工した塩を作りだした。「赤穂の天塩」、「シママース」（沖縄）、「伯方の塩」などがそれである。これらの塩は、先に挙げた公社の塩に比べると、大体において十倍前後のニガリ分を含んでいる。

二　戦後の需給　──窮状救った中国産

わずか三カ月分

昭和二十年八月十五日、わが国が連合国に無条件降状をしたとき、大蔵省専売局（今の日本たばこ産業株式会社の前身）の手持ちの塩は、回送中のも含めて、全国からかき集めても十一万トンで、これを全部食料用にあてても、当時の国民七千二百万人にとって、生活に絶対に必要な量の三ヵ月分にすぎなかった。これは、まさに国民の生命の危機であったから、塩に関係のあった当局者は敗戦で意気消沈している暇はなく、緊急対策を立てて即時実行に移った。その中で、塩の輸入は特筆に値する。

まず、きのうまでわが国の領土や占領地であった朝鮮や台湾や中国の港の倉庫に積んだままになっている塩の山がある。それをなんとしてでも日本に持ってくることであった。関係当局の必死の努力で、占領軍総司令部の許可を得て、十月に入り、やっと釜山から二千四百トンの塩を移し得たが、このような終戦直後の塩事情を救ってくれたのは、ほかならぬ中国の塩であった。

中国産ぞくぞく

十二月に占領軍総司令部から華北塩の輸入許可を受け、翌二十一年二月に第三真盛丸が長芦塩千五百トンを、延慶丸が青島塩一万トンを積んで帰ってきた。「この感激の二船に続いてぞくぞく中国からの入船を見るに至ったのであるが……」と『戦後日本塩業史』（日本専売公社）には、時の中華民国政府に対して深い感謝の念をこめて記されている。

当時、中国国内には塩の対日輸出に強い反対があった。しかし、中国政府は苦しい中から塩を輸出してくれたのであって、これはひとえに蔣介石総統の「徳を以って怨に報ずる」対日根本方針に由来したのである。

(註　昭和二十年八月十五日午前十時、当時、重慶にあった蔣介石総統はラジオ放送で抗日勝利の演説をして、その中で次のように述べた。

「……余は、また、聖書の『人に侍するに己に侍するが如く』、および『汝の敵を愛せよ』の二句を想起し、実に無限の感慨を覚えるのである。わが中国の同胞は、『旧悪を念わず』、および『人と善を為す』ことがわが民族の至高至貴の伝統的徳性であることを知らねばならない。……」)

　昭和十七年に入って塩は配給となり、昭和二十四年まで続いたが、一般の家庭では、一人一ヵ月の最低限度配給量を二百グラムと定め、漬物、みそ、しょうゆなどからの塩分を含めて生理的に必要な一人一ヵ月五百グラムの塩がとれるように計画されていた。それが終戦の年に入ると、月に四百五十グラムしか計画できなくなっていた。

　このような戦中・戦後の塩不足に苦しんだ時代には、一さじの塩は本当に貴重なものであった。一升(一・八リットル)の塩が一升の米と交換されたり、一升びんに海水をくんで塩不足を補ったということは実際にあったことである。このような時代を経て、昭和二十三年後半になり、ようやく塩の需給状況がよくなりだした。

食用塩は国内産

やがて、国内では、戦後の台風や地震で被害を受けた塩田が復旧し、製塩の機械設備が充実されたり、特に、塩田が入浜式から流下式に変わっていくと、塩の生産力は飛躍的に増し、国外からも、塩の輸入が順調になると、国内産の塩が余剰ぎみになりはじめた。

昭和二十五年に起きた朝鮮戦争は日本の経済的復興を急に早め、昭和三十年にもなると、「もはや戦後ではない」といわれるようになる。そして、ついに、世界の驚異とされる高度経済成長が重化学工業を中核として実現されるに至る。塩は化学工業の最も重要な基礎的な原料であり、ソーダ工業用の塩の消費量は、景気の好況・不況を忠実に反映しながら急上昇して、今日では六百万トンの大台に達している。このばく大な工業用塩は、オーストラリアなどから輸入された塩であり、価格も国内産の塩がとても対抗できないほどの安さである。(資料参照)

国内産の塩が輸入塩に比較して高価なところへ加えて、生産能力が増して塩が余りだしたために、塩政を直接担当している公社は、食料用塩を国内産で確保し、健全な

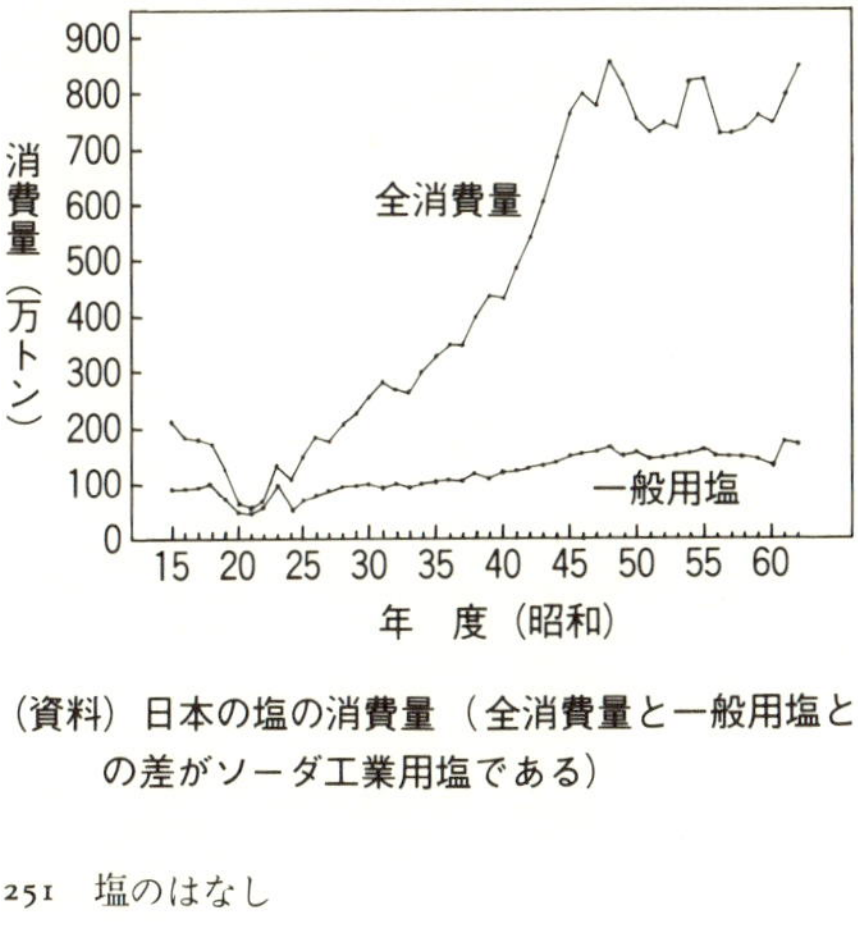

（資料）日本の塩の消費量（全消費量と一般用塩との差がソーダ工業用塩である）

財政を保つため昭和三十四年に塩業の改革をはじめた。

三　技術革新　——姿を消した入浜式

経済成長が圧力に

昭和三十四年の整理で、流下式塩田とようやく実用化しそうなイオン交換膜法などが生き残って、揚浜式や入浜式の塩田などはほとんど姿を消した。日本の塩業にも日本の高度経済成長と、貿易の自由化が大きな圧力を加えてきた。

海に囲まれた日本では、塩の鉱脈も塩の湖もないから、塩は海からとらねばならない。ある日、海岸にざるを持って行って、海に向かって呼びかけた。トビウオが海の上を飛んで行った。ちょうどそのように、海の水に溶けているものが全部、海の中から飛び出して来て、ざるの中に集まった。日本一の塩ができた。——それは夢であった。

気候に合った製塩

塩分は海水には約三%しかなく、海水から水分を除くか、塩分を取り出すかして、この夢を実現させるわけである。日本では、日本の気候に合った製塩法が工夫され、発達してきた。それが塩田と、濃縮された海水（かん水）を煮て塩を取り出す技術である。

揚浜式塩田は粘土で水が通らないような地盤を作って、その上に黒い砂を敷き拡げた浜である。くみあげた海水を浜にまく。

入浜式塩田は堤防をめぐらした黒い砂浜に水路で海水を導き入れ、砂の層の表面まで海水をしみ上がらせる。水分は砂の表面で蒸発し、塩が砂に付着する。この砂を引き集めて沼井《ぬい》に入れ、くんできた海水をかけて塩を溶かし、釜屋に送って、ここで煮て塩を作る。あとに残る母液がニガリ（苦汁）である。

結局、この二つの塩田の方式は人が海水や砂を動かして塩を作ったわけである。

流下式で生産向上

水は高い方から低い方へ流れる。こんな、だれでも知っていることが応用されて威力を発揮したのが戦後の流下式塩田である。

粘土やビニールシートを敷いたゆるいこう配の地盤の上に小砂利を敷き、海水をゆっくり流し、太陽熱で水分を蒸発させる。さらに、このかん水を枝条架の上に送り、何段にも掛けられた枝の多い竹を伝わって流れ落ちる間に、風で水分が蒸発する。

こうして砂を動かさないで、ポンプで水を動かしてかん水を作った。生産力は入浜式の三倍、労働力は十分の一になったといわれる。

工場生産への移行

これに反して、合成イオン交換樹脂の膜を利用した方法では、水を蒸発させないで、イオンを電気で動かしてかん水を作る。

原子や原子の集団が陽電気や陰電気を帯びているときイオンというが、塩の成分は、水の中でも、白い塩の中でもイオンになっている。

イオン交換膜法の原理は、大体、次のようなことである。

図のように、陽イオン交換膜と陰イオン交換膜を交互に並べて仕切りを作る。ここへ海水を入れて、両端の電極に直流の電圧をかけると、ナトリウムイオンのような陽イオンは陰極の方へ、塩素イオンのような陰イオンは陽極の方へ引かれて動く。ところが、陽イオン交換膜は陽イオンを通すが陰イオンを通さず、陰イオン交換膜はその反対、という性質があるので、膜で仕切られた箱の中には塩分の濃くなった水と薄くなった水が交互に出来る（両側の電極のところは別）。

実際には、膜の仕切りを多くし、膜はナトリウムイオンや塩素イオンのような一価のイオンは通すが、マグネシウムイオン、カルシウムイオン、硫酸イオンなどは通しにくい性質に作って

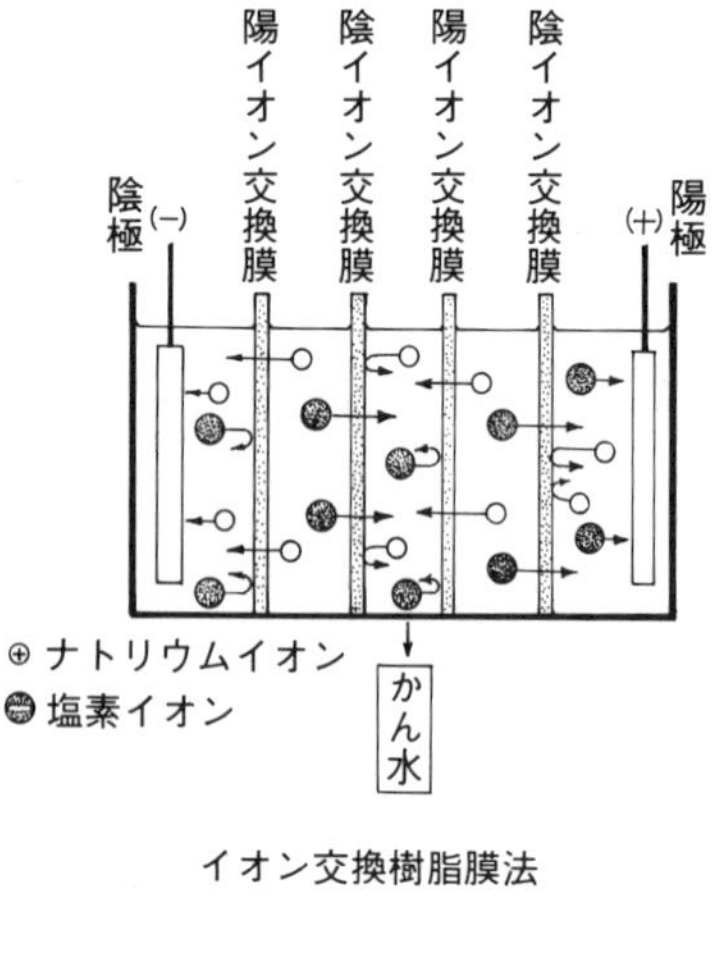

イオン交換樹脂膜法

ある。そのため、イオン交換膜法のかん水はニガリ分が大変少なくなっている。

塩田法では海水のニガリ分の多くがかん水に残っていたから、製塩のとき、やっかいな硫酸カルシウム（石コウ）などが釜の中にできて、技術者をたいへん困らせた。

昭和四十六年、ついに流下式塩田も廃止され、イオン交換膜法の大きな近代的製塩工場が七つできた。そして、外国の安い塩と競争しても負けない安い日本の塩を目標に動きだしていた。ところが、この新しい製塩法に思わぬ物言いがついた。

四　イオン交換膜法　──味と安全性に疑問

香川県の塩の研究家・西本友康氏は昭和三十六年ごろから流下式塩田の塩がよい塩であるとし、流下式塩田を残すことを世間に訴え続けていた。氏は、塩のニガリ分は多すぎても少なすぎてもよくないこと、塩の良し悪しは人間の健康や寿命だけでなく、思想や活動にまで影響すると説いている。その話を聞いた日本CI協会＝正食と無双原理の普及国際センター＝（東京）の会員を中心とする人々は、厚生省や専売公社、製塩企業に対して、イオン交換膜法の塩の安全性を実験すること、安全性が確認されるまで食用塩としないこと、流下式塩田を存続することを求めた。このあたりが塩論争の発端である。

これに対して、公社は、塩の供給と価格の安定を維持するために塩田法をイオン交換膜法に改めること、従来の塩田法もイオン交換膜法も塩の品質には変わりがないことを述べて、この人々に理解を求めた。

しかし、運動する人々は簡単に引き下がらず、学者や料理家や漬物を作る人々と食用塩について話し、意見を求めた。その中から「塩が昔のように効かない」とか、「漬物がうまくつからない」、「料理の味つけが昔のようにうまくいかない」とかいう話が浮かび上がってきた。四十七年ごろには、塩田の塩と公社の塩の比較実験が始まった。三％の塩水を作ってアサリを入れて観察したり、一％の塩水に金魚を入れたりした。塩の化学分析も行われた。

各地でマスコミにも大きく取り上げられた。日本が世界で最初にイオン交換膜法の塩を食用塩にしている唯一の国であることが論争を一層激しくさせた。

四十七年に沖縄は日本に復帰した。戦後、沖縄では復帰の前日まで塩は自由に製造され、販売されていた。復帰とともに沖縄の塩は変わったので、沖縄の人々は食物の味で今までの塩と公社の塩の差を知った。沖縄では、塩の味が違うことから自然の塩を求める運動が起こった。

塩論争で、塩の味が違うということでは、「どちらの塩でも違いません」と言うのは西洋風の料理家で、「やはり、ニガリのある塩でないとまろやかな味と風味が出せない」と言うのは精進料理家や辻嘉一氏のような懐石料理家であった。

武者宗一郎・大阪府立大工学部教授は塩を分析して、微量元素についても、公社の塩は塩田の塩のようなミネラルの割合を持っていないことを明らかにした。五十年の日本海水学会では、武藤義一会長（東大生産技術研究所教授）は一部の会員の提案について「関心ある会員は研究してほしい」と要望した。

公社は「イオン交換膜はＰＣＢのような海水汚染物質を通さないので、公社の塩は安全性が高くなっている」と述べている。

漬物の漬け方について、公社は「上手につけるコツは、手に少し水をつけて塩を湿らせ、野菜につきやすくし、容器の底に落ちないようにすることが大切。また、保存期間に応じて塩の量を加減すること」と説明している。

塩のミネラルについて公社は「人体に不可欠のミネラルを一日に食べる十〜十五グラムくらいの塩に求めるのは無理な話、塩以外の食物から十分にとれる」と言う。

塩の味のまるみ、うまみについて、公社は「塩は調味料の一種だから、他の調味料と一緒に使われている。塩は食物自体の味の引き立て役です」と言う。

昭和五十三年八月、参議院決算委員会で丸谷金保議員は塩について質問した。国会で塩論争が行われたのはこれで二回目である。

塩論争はまだ続きそうである。


《ニガリとは》ニガリはかん水を煮て塩を取り出したあとに残る液である。塩田法では、ニガリは海水中の無機成分を濃縮している。ニガリの約三〇％がマグネシウム、ナトリウム、カリウム、塩素、臭素、硫酸などのイオンのほかに、ホウ素やヒ素など多種類の元素を極めて微量だが含んでいる。

昔、粗塩を貯蔵しておくと湿気を吸ってニガリが垂れた。ニガリは豆腐を作ったり、田や畑にまいて肥料にしたり、ふろに入れて薬ぶろにするのに使われた。

イオン交換膜法になって、かん水の内容は、従って、ニガリの内容は塩田法のと異なったものになっている。

五　味と安全性　——入浜式こそ最上品

食用塩は自然の産物を

昭和三十四年から四十六年までかかった日本の塩業の近代化、つまり農耕的な塩田法からイオン交換膜法への転換は塩の経済問題に終始した。事は食用塩に関係が深いのに、塩の味覚や健康へ及ぼす生理的問題や食品加工への影響は全く問題にされなかった。これは、まことに不思議なことである。

これに対して〝新しい塩〟について民間から起こった声は、この塩の安全性の検討と塩田の存続を求めたのであって、塩の安全性を公然と問うた、歴史始まって以来のことであった。

明治十年代から、塩化ナトリウム分が多いほど品質のよい塩であるとする観念があり、ニガリ分を少なくする努力を続けてきた結果、ついに塩化ナトリウム九九％以上の塩が実現した。これは化学薬品としては申し分がない。しかし、人間にとってふさわしい塩であるかどうかが問われたのである。

塩論争は単に食用塩を問題にするだけでなく、その本質から、日常の食品や食生活を見直させ、栄養学や医学、農業や食品加工にまで影響を及ぼしそうである。

海は生命を生み出した。生命は三十億年前に海の中で発生し、三十億年のほとんどを海の中で過ごし、海の中で進化して、海の塩分が次第に濃くなるにつれて陸上で生活する動物が一—三億年前に現われたと信じられている。

人間と動物の血液や羊水に含まれているミネラルは、海水より濃度は低いけれども、海水のミネラルの割合に似ており、海水中で多いものは体液の中でも多く、海水中に少ないものは体液の中でも少なくなっている。

桜沢如一氏（日本CI創立者、故人）は、人が生まれて二十年間に成長して体重がおよそ二十倍になる。この割で考えると、人間が母胎に宿ったときから生まれるまで体重が三十億倍になるから、生まれるまでの二百八十日は胎児には三十億年に相当する。その間に、海の中で生命が発生し、進化したのと同じことを羊水の中でも繰り返している。この羊水や血液は食物からできるので正しい食物を食べることが大切であると説いた。

一九一二年、フランス人ルネ・ケントンは生物には原始の海の成分を守ろうとする法則が働いていること、清浄な海水が病気の治療に有効なことを発表している。

塩は神聖なものとされ、尊敬されてきた。塩は神様への供え物である。また、悪霊やけがれをう力があるとされている。

イエスは彼に従った人々を「地の塩である」と言い、また、「自身の内に塩を持ち、共に平和に生きよ」と教えている。

昔、ローマでは塩を給料にした。そこからサラリーという言葉ができた。また、ヨーロッパでは塩を深い友情のしるしとした。

日本人はもともと菜食の民族なので、欧米人より塩を多く食べている。

日本人の生活にみそ、しょうゆ、漬物は欠かせない大切なものである。これらはカビや酵母、細菌をうまく利用したもので、大量の塩を使って作る。香りのよい、色のよい、うまいみそ、しょうゆ、漬物ができるためには、乳酸菌のような微生物がよく働くことが必要で、そのためには塩の中にも微生物の好む栄養分、すなわち、硫酸マグネシウムなどが不可欠である。これはニガリの成分である。

また、発酵の速度はニガリ分のある塩の方がニガリ分の少ない塩より早い。沖縄で、復帰直後、塩が変わったため、みそが今までのように順調にできなかった話がある。

われわれは、今日、塩の新しい問題の出発点に立っている。

昔から米と塩さえあれば生きていけるといわれているように、塩は米と並ぶ食糧である。一日として欠かすことのできない、他の何物でも代用できない大切なものである。決して単なる調味料の一つではない。だから、どんな代価を払ってでも、塩を自給自足せねばならない。

そして、食用の塩は完全な、自然の産物で、食べておいしい塩でなくてはならない。

「一番うまい塩は土から作った塩―入浜式塩田の塩―だった」と言った竹原の元製塩業の人の言葉がいつまでも忘れられないのである。

（この『塩のはなし』は中国新聞に、昭和五十四年一月十一日～二月八日、毎木曜日、連載されたものである。これに加筆し、資料を追加した。）

あとがき

この本は、昭和五十九年の一月より十二月までの一年間に亘って毎週水曜日に中国新聞朝刊女性面に連載していただいた「私の食養料理」と、十年前に中国新聞夕刊に三年間連載していただいた「自然食アラカルト」という記事をもとにして、新泉社の渡部様の手で一冊にまとめられたものです。

直接私の記事をお世話して下さった中国新聞文化部の香川美佐子記者は、今から約十年前に拙宅に訪ねて来られて、「自然食がブームになっているので調べて歩いていると、いろいろの流派があるので、本筋を知りたい。」とおっしゃったのです。丁度その頃、桜沢里真先生が私の家で料理講習会をして下さったのを取材され、中国新聞夕刊に写真入りで紹介されました。これがきっかけで、その後、私が毎月一回自然食を紹介することになり、「自然食アラカルト」というタイトルで、昭和五十一年十月から昭和五十四年七月まで、約三年間連載させていただきました。

それまでのんびりと自分流にやっていた食養を真面目に研究し、無我夢中で打ち込みました。

昭和五十九年正月からは「私の食養料理」のタイトルで食養料理を少しずつ紹介して、日本の食事の見直しをしてみました。

新聞では一年間を通じて四季おりおりの旬《しゅん》を追い、基本料理、野草料理、節句料理、食箋料理と手当法を、イラストを添えて盛り込んでいきましたが、この本では改めて配列し直されましたので、掲載の通りにはなっておりません。

「私の食養料理」や「自然食アラカルト」に対する読者の関心は意外に大きく、記事に対しての質問や、実践された結果の報告がたくさんあり、特に食養療法（手当て）に対してお礼の電話をたくさんいただきました。

講演先きでも、熱心な質問が続き、自然食や食養的生活に関心が高いことを感じました。また読者層の厚いことを大変うれしく思いました。また新聞記事を一冊にまとめてほしいという要望もたくさん聞かれました。

私に正しく生きる道、「食養の道」を教えて下さった故桜沢如一先生、桜沢里真先生、小川法慶先生御夫妻に心から感謝致しております。

中国新聞に記事を連載するに当たって終始親身になってお世話して下さった香川美佐子記者に心から感謝致しております。

新聞に連載したイラストは稚拙ではありましたが、前半は長女・広子が、後半は次女・春子が描いてくれました。

終りになりましたが、新泉社の代表小汀良久様と渡部耕太郎様には、この本が出来上がるのにお骨折り下さいまして、ありがとうございました。

著　者

増補版あとがき

このたび増補版を出すに当って「塩のはなし」を附け加えました。これは主人が昭和五十四年に中国新聞朝刊に連載したものです。

また、この本を十分に活用していただくために索引を附けました。

著　者

食養料理索引

ア行

カ行

サ行

タ行

ナ行

ハ行

マ行

ヤ行

ラ行

ワ行

食養療法索引

食養療法用品索引

著者略歴

平賀佐和子（ひらが　さわこ）
1936年　広島市に生まれる。
1945年～1955年　山口県光市小周防にて生活する。
1959年　広島大学教育学部卒業。
1959年～1963年　私立比治山学園に奉職。
1960年10月　桜沢如一先生の講演を聞き、食養に励む。
1968年２月　食養研究会　皆実Cl を設立。
1976年10月～1979年７月　中国新聞夕刊に「自然食アラカルト」を連載。
1984年１月～1984年12月　中国新聞朝刊に「私の食養料理」を連載。
1985年～1995年３月　私立進徳女子高等学校非常勤講師
（平賀文珠《あやじゃ》の名で雑誌に執筆、講演活動をしている）

平賀一弘（ひらが　かずひろ）
1930年　広島市に生まれる。
理学博士。

自然食あらかると

1986年３月20日　第１版第１刷発行
2001年２月１日　新装版第１刷発行

著者＝平賀佐和子
発行所＝株式会社　新泉社
東京都文京区本郷2-5-12
振替・00170-4-160936番　電話 03(3815)1662
印刷・萩原印刷　製本・榎本製本

ISBN4-7877-0103-7

玄米正食料理法

山口久子著　四六判　上製　**1700円（税別）**

「玄米正食」とは偏狭な食餌療法ではなく、実はわが国古来から普通に行なわれてきた食事法である。季節の旬を食べることが、季節の移りかわりに身体をあわせてゆくことや、煮炊によってかわる食物の陰陽などを、春夏秋冬のそれぞれにあわせながら料理法を考える。

●主要目次